HUISHANG FAZHAN BAOGAO 2020

徽商发展报告 2020

王唤明　张道刚　马顺生◎编著

安徽师范大学出版社
·芜湖·

图书在版编目(CIP)数据

徽商发展报告. 2020 / 王唤明，张道刚，马顺生编著. — 芜湖：安徽师范大学出版社，2020.9

ISBN 978-7-5676-4753-4

Ⅰ. ①徽… Ⅱ. ①王… ②张… ③马… Ⅲ. ①徽商 - 贸易经济 - 经济发展 - 研究报告 - 2020 Ⅳ. ①F729

中国版本图书馆CIP数据核字(2020)第165027号

徽商发展报告2020　　王唤明　张道刚　马顺生◎编著

责任编辑：何章艳　牛　佳　　责任校对：孙新文
装帧设计：张　玲　　责任印制：桑国磊
出版发行：安徽师范大学出版社
芜湖市九华南路189号安徽师范大学花津校区
网　　址：http://www.ahnupress.com/
发 行 部：0553-3883578　5910327　5910310(传真)
印　　刷：江苏凤凰数码印务有限公司
版　　次：2020年9月第1版
印　　次：2020年9月第1次印刷
规　　格：700 mm×1000 mm　1/16
印　　张：10
字　　数：130千字
书　　号：ISBN 978-7-5676-4753-4
定　　价：50.00元

序　言

改革开放40多年来，全球涌现了一批徽商（包括徽商企业家和徽商企业）分布在各行各业，他们有的在引领行业发展，有的成为独角兽企业或“隐形冠军”，有的基业长青。从傻子瓜子的年广久到今天科大讯飞的刘庆峰、蔚来汽车的李斌、驴妈妈的洪清华，再到餐饮行业的同庆楼、茶叶行业中的谢裕大、休闲食品行业中的三只松鼠、安徽一号工业项目“长鑫储存”等，时代造就了一批徽商，他们在不同的“风口”奋力前行，创造价值，奉献社会。

经过中国国际徽商大会、中国国际徽商精英年会等平台的打造，“徽商”已经成为一个热词。一年一度的徽商论坛作为世界制造业大会和中国国际徽商大会的重要组成部分，旨在弘扬徽商精神、凝聚徽商力量，是展示安徽新形象、政商学各界合作共赢的窗口。目前，分布在全球的徽商组织已成为地方政府招商引资的桥梁和文化与经贸往来的平台，成为徽商回归的重要载体。

据统计，截至2019年底，全球共有各类徽商组织386家，其中国内362家，海外24家；2019年新成立的徽商组织33家，其中国内31家，海外2家。新时代下的徽商产业在不断转型升级，与时俱进，新时代下的每一位徽商都在践行着徽商精神，他们不仅争做“徽骆驼”“绩溪牛”，还一直注重诚信与自主创新，徽行天下，情系故里。这不是某个徽商、某个群体的行为，而是一代代徽商沿袭下来的一种习惯，一种传统，也可以说是一种修行。徽商，是一种精神；徽商，是一种文化；徽商，更是一种传承。

安徽财经大学是一所以经济学、管理学、法学为主的多科性财经大学，是我国首批具有学士学位授予权、第三批具有硕士学位授予权的高校，是安徽省重点建设的大学和安徽省人民政府与中华全国供销合作总社共建高校，并且于2012年获批国家中西部高校基础能力建设工程，2014年入选安徽省地方特色高水平大学建设项目。安徽财经大学历来重视科研和社会服务工作，科研水平稳步提升，社会服务品牌和影响力日益凸显；在申报国家社会科学基金、国家自然科学基金等项目上不断取得新突破，国家社会科学基金项目立项数在全国财经类高校中位列前十，连续四年位列省属高校第二。安徽财经大学还立足于地方经济社会发展和行业需求，着力打造财经领域新型高端智库，尤其以安徽经济社会发展系列研究报告为代表的研究成果影响力日益扩大，特色品牌日益凸显。

安徽财经大学徽商研究始于十多年前，“徽商讲坛”“徽商大讲堂”的搭建为学校的徽商研究奠定了坚实的基础。2014年，安徽财经大学新徽商研究中心成立，该中心聚焦徽商组织、徽商人物、徽商产业、徽商企业、徽商上市、徽商文化等方面的研究，拥有一批专家学者团队，出版了《徽商文化》《新徽商导论》《徽商发展报告2017》《徽商发展报告2019》等著作，举办了两届关于徽商老字号品牌的中国（安徽）大学生市场营销创新大赛，与安徽师范大学主办了首届徽商老字号品牌营销高峰论坛，发表了一系列有关徽商和徽文化的学术论文，打造了线上平台——新徽商大讲堂，与安徽经济报社合作共建了“徽商智库”。

《徽商发展报告2020》从徽商组织、徽商企业、徽商人物、徽商制造、徽商产业、徽商与长三角、徽商文化七个方面来系统阐述2019年度徽商发展情况，是对徽商年度活动与事件的分析总结，对系统了解徽商的发展具有重要的指导作用。同时，本书也是安徽财经大学服务地方经济、加强智库建设的研究成果，是安徽财经大学2020年度系列报告的一部分。

《徽商发展报告2020》是安徽财经大学新徽商研究中心和安徽经济报社、决策杂志社（安徽创新发展研究院）联合研究发布的成果，得到了安徽省国资委、发改委、经信厅、商务厅、政府发展研究中心等相关部门，以及安徽省国际徽商交流协会、各徽商商会的大力支持，在此一并感谢！

安徽财经大学副校长　冯德连

2020年8月

目　录

徽商组织

一、全国徽商组织分布

本书中的徽商组织是指在安徽省外合法注册成立的省、市、县级各类商会。截至2019年底，全球共有各类徽商组织386家，其中，国内362家（见表1），海外24家。2019年新成立徽商组织32家，其中，国内30家，海外2家。

表1 全国徽商组织分布情况

省份	安徽商会	地级市商会	县(县级市)商会	总数
北京	2	3	6	11
上海	4	10	1	15
广东	20	27	13	60
浙江	24	26	5	55
江苏	24	18	13	55
福建	7	4	0	11
山东	10	3	0	13

续 表

省份	安徽商会	地级市商会	县(县级市)商会	总数
河南	6	0	0	6
江西	5	0	0	5
湖北	7	2	0	9
河北	10	0	0	10
湖南	5	0	0	5
山西	4	0	0	4
重庆	1	2	0	3
四川	3	3	0	6
天津	2	2	3	7
黑龙江	6	1	0	7
吉林	4	0	0	4
辽宁	6	0	0	6
内蒙古	4	0	0	4
广西	5	3	0	8
云南	4	2	0	6
海南	1	8	2	11
贵州	2	0	0	2
陕西	4	5	1	10
青海	1	1	0	2
甘肃	4	0	0	4
宁夏	1	0	0	1
新疆	16	2	0	18

续 表

省份	安徽商会	地级市商会	县(县级市)商会	总数
西藏	1	0	0	1
香港	1	0	0	1
澳门	1	0	0	1
台湾	1	0	0	1
合计	196	122	44	362

截至2019年底，全国只有辽宁省没有成立省级安徽商会，其他省份都已经成立了省级安徽商会（见表2）。另外，新疆生产建设兵团2013年成立了安徽商会，现任会长盛宝仁（萧县籍）。

表2　全国省级安徽商会统计

省份	名称	成立时间	现任会长	现任会长籍贯
北京	安徽企业商会	2006年	梁金辉	亳州
上海	安徽商会	2004年	洪清华	宿松
广东	安徽商会	2012年	王文银	潜山
浙江	安徽商会	2011年	刘杰	阜阳
江苏	安徽商会	2011年	张桂平	天长
福建	安徽商会	2007年	程明	桐城
山东	安徽商会	2010年	姚军	太和
河南	安徽商会	2008年	汤武	合肥
江西	安徽商会	2008年	李井海	寿县
湖北	安徽商会	2006年	马占军	界首
河北	安徽商会	2009年	马登峰	濉溪

续 表

省份	名称	成立时间	现任会长	现任会长籍贯
湖南	安徽商会	2012年	屈东森	阜阳
山西	安徽商会	2008年	储怀山	阜阳
重庆	安徽商会	2006年	梅锋	桐城
四川	安徽商会	2009年	熊南奇	桐城
天津	安徽商会	2007年	张长江	萧县
黑龙江	安徽商会	2014年	岳喜田	阜阳
吉林	安徽商会	2011年	刘启斌	宣城
内蒙古	安徽商会	2004年	姚文兵	芜湖
广西	安徽商会	2007年	余向东	宿松
云南	安徽商会	2007年	陈大钰	马鞍山
海南	安徽商会	2007年	蒋会成	合肥
贵州	安徽商会	2010年	陈修仕	阜阳
陕西	安徽商会	2007年	张金龙	亳州
青海	安徽商会	2009年	王军	阜阳
甘肃	安徽商会	2010年	刘伟	萧县
宁夏	安徽商会	2006年	金晓伟	阜阳
新疆	安徽商会	2006年	匡荣华	霍邱
西藏	安徽商会	2013年	王斌	太和
香港	安徽联谊总会	2002年	桂四海	桐城
澳门	安徽联谊总会	2006年	陈永杰	广东新会
台湾	徽商经贸文教交流协会	2009年	陶君亮	当涂

安徽16个地级市在省外的异地商会发展讯速。截至2019年

底，安徽16个地级市在省外合法成立的商会达122家（见表3）。

表3 安徽16个地级市省外异地商会一览

序号	地级市	商会名称	成立时间
1	合肥(8家)	宁波市合肥商会	2015年1月29日
2		常州市合肥商会	2015年8月22日
3		无锡市合肥商会	2018年1月21日
4		杭州市合肥商会	2018年5月19日
5		温州市合肥商会	2018年12月31日
6		平湖市合肥商会	2019年8月18日
7		重庆市安徽合肥商会	2019年11月30日
8		湖州市合肥商会	2019年12月23日
9	芜湖(6家)	厦门市芜湖商会	2012年10月26日
10		温州市芜湖商会	2012年12月28日
11		深圳市芜湖商会	2014年12月28日
12		广东省芜湖商会	2016年1月24日
13		成都市芜湖商会	2016年11月27日
14		苏州市芜湖商会	2018年4月22日
15	蚌埠(4家)	广东省安徽蚌埠商会	2011年8月20日
16		上海市蚌埠企业商会	2015年1月18日
17		海南省蚌埠商会	2017年11月25日
18		东莞市安徽蚌埠商会	2019年5月7日
19	淮南(2家)	上海市安徽淮南商会	2015年5月31日
20		东莞市安徽淮南商会	2018年

续 表

序号	地级市	商会名称	成立时间
21	马鞍山(4家)	南京市马鞍山商会	2007年11月
22		上海市马鞍山商会	2015年12月27日
23		徐州市马鞍山商会	2017年12月16日
24		深圳市安徽马鞍山商会	2019年8月18日
25	淮北(3家)	广东省淮北商会	2016年7月16日
26		西安市淮北商会	2018年12月29日
27		南京市淮北商会	2019年12月24日
28	铜陵(6家)	上海市铜陵商会	2015年5月10日
29		南京市铜陵商会	2016年12月30日
30		深圳市安徽铜陵商会	2018年6月12日
31		桂林市铜陵商会	2018年9月21日
32		哈尔滨铜陵商会	2019年3月16日
33		北京市铜陵企业商会	2019年8月11日
34	安庆(16家)	南京市安庆商会	2008年4月29日
35		西安市安庆商会	2011年10月28日
36		湖州市安庆商会	2013年6月6日
37		武汉市安庆商会	2013年12月10日
38		济南市安庆商会	2014年10月17日
39		昆明市安徽安庆商会	2014年11月12日
40		南宁市安庆商会	2014年12月17日
41		珠海市安徽安庆商会	2015年1月24日

续 表

序号	地级市	商会名称	成立时间
42	安庆(16家)	福州市安庆商会	2016年1月10日
43		深圳市安徽安庆商会	2016年1月10日
44		上海市安庆商会	2016年5月31日
45		徐州市安庆商会	2018年3月16日
46		义乌市安庆商会	2018年10月14日
47		杭州市安庆商会	2019年4月19日
48		江苏省安庆商会	2019年5月19日
49		宁波市安庆商会	2019年12月24日
50	黄山(9家)	杭州市黄山商会	2015年7月19日
51		义乌市徽州商会	2016年10月19日
52		武汉黄山(徽州)商会	2016年10月20日
53		南京市黄山商会	2016年11月8日
54		宁波市徽州商会	2017年1月6日
55		深圳市安徽黄山商会	2017年6月23日
56		上海黄山经济文化促进会	2018年11月24日
57		无锡市总商会黄山商会	2019年11月30日
58		东莞市黄山(徽州)商会	2019年12月8日
59	滁州(5家)	广东省安徽滁州商会	2011年9月28日
60		南京市滁州商会	2012年8月17日
61		深圳市安徽滁州商会	2017年1月6日
62		上海市滁州商会	2018年10月20日
63		乌鲁木齐市滁州商会	2018年10月26日

续 表

序号	地级市	商会名称	成立时间
64	阜阳(17家)	上海市阜阳商会	2007年7月6日
65		南京市阜阳商会	2011年4月28日
66		深圳市阜阳商会	2014年3月2日
67		济南市阜阳商会	2014年4月23日
68		温州市阜阳商会	2016年12月26日
69		西安市阜阳商会	2017年6月18日
70		陕西省安徽阜亳商会	2017年7月7日
71		宁波市阜阳商会	2017年8月18日
72		海南省阜阳商会	2018年4月28日
73		江门市安徽阜阳商会	2018年5月18日
74		定边县阜阳商会	2018年8月2日
75		义乌市阜阳商会	2018年8月18日
76		杭州市阜阳商会	2018年9月18日
77		东莞市安徽阜阳商会	2018年10月28日
78		天津市安徽阜阳商会	2018年11月18日
79		成都市阜阳商会	2019年6月27日
80		青海省阜阳(安徽)商会	2019年12月22日
81	宿州(9家)	深圳市宿州商会	2010年4月18日
82		海口市安徽宿州商会	2013年7月12日
83		南京市宿州商会	2014年3月31日
84		厦门市宿州商会	2015年5月21日
85		温州市宿州商会	2015年7月7日

续 表

序号	地级市	商会名称	成立时间
86	宿州(9家)	北京市宿州企业商会	2017年4月15日
87		西安市宿州商会	2017年10月20日
98		东莞市安徽宿州商会	2018年1月28日
89		宁波市杭州湾新区宿州商会	2018年7月7日
90	六安(7家)	南京市六安商会	2012年8月28日
91		义乌市六安商会	2013年12月24日
92		广东省安徽六安商会	2015年7月1日
93		温州市六安商会	2016年11月
94		深圳市安徽六安商会	2016年12月15日
95		海南省六安商会	2017年9月1日
96		上海市六安商会	2018年12月22日
97	亳州(14家)	深圳市亳州商会	2014年11月14日
98		上海市安徽亳州商会	2015年6月16日
99		宁波市亳州商会	2015年8月9日
100		昆明市安徽亳州商会	2016年5月29日
101		广东省安徽亳州商会	2018年1月11日
102		西安市亳州商会	2017年6月18日
103		杭州市亳州商会	2017年9月17日
104		温州市亳州商会	2017年10月24日
105		天津市安徽亳州商会	2018年5月3日
106		玉林市亳州商会	2018年7月1日
107		廊坊市亳州商会	2018年12月16日

续 表

序号	地级市	商会名称	成立时间
108	亳州（14家）	乌鲁木齐市亳州商会	2018年12月16日
109		福建省安徽亳州商会	2019年4月26日
110		西安市亳州商会	2019年12月20日
111	池州（9家）	台州市池州商会	2009年11月29日
112		宁波市池州商会	2012年5月8日
113		北京市池州商会	2013年5月27日
114		东莞市安徽池州商会	2014年12月7日
115		重庆市安徽池州商会	2016年9月6日
116		沈阳市池州商会	2017年5月20日
117		深圳市池州商会	2017年5月24日
118		上海市池州商会	2019年12月15日
119		南京市池州商会	2019年12月29日
120	宣城（3家）	南京市宣城商会	2013年2月2日
121		广东省安徽宣城商会	2017年3月18日
122		海口市安徽宣城商会	2017年9月16日

二、海外徽商组织分布

在海外，各类徽商组织发展迅速。截至2019年底，海外徽商组织达到24家（见表4）。

表4 海外徽商组织统计

序号	商会名称	成立时间	现任会长
1	加拿大安徽商会	2005年	俞荧
2	日本徽商协会	2006年	张书明
3	阿联酋安徽商会	2011年	潘尚旭
4	泰国安徽商会	2012年	汪洋
5	英国安徽商会	2012年	陈时荣
6	新加坡安徽商会	2014年	陈加品
7	柬埔寨安徽商会	2014年	刘忍
8	印度尼西亚安徽商会	2015年	何涛
9	俄罗斯安徽商会	2015年	吴咸宝
10	美国安徽商会	2015年	丁茂源
11	澳大利亚徽商总会	2016年	项翔
12	澳大利亚安徽总商会	2016年	陈凌
13	新西兰安徽商会	2016年	赵敬平
14	圣彼得堡安徽商会	2016年	王晶
15	全美徽商联合会	2017年	沈毅
16	海湾国家安徽总商会	2017年	沈晖
17	安徽华人华侨(德国)联谊会	2017年	倪道钧
18	瑞典安徽科技商业协会	2018年	段茂利
19	安哥拉安徽商会	2018年	朱祥增
20	芬兰安徽商会	2018年	吴立新
21	菲律宾安徽商会	2018年	刘传伏

续 表

序号	商会名称	成立时间	现任会长
22	越南中国商会安徽企业联合会	2018年	袁晓峰
23	日本安庆商会	2019年	刘元敬
24	尼日利亚安徽商会	2019年	伍大洋

三、商会建设开创新高

2019年，全国徽商商会建设取得了丰硕的成果，具体体现为工商联系统的“四好”（即班子建设好、团结教育好、服务发展好、自律规范好）商会建设和民政部门的“5A”（即AAAAA，是民政部门对社会性组织评定的最高级别）商会建设。

在工商联系统“四好”商会建设中，荣获全国“四好”商会称号的有：扬州市安徽商会、镇江市安徽商会、河南省安徽商会、新疆阿克苏地区安徽商会。

多家安徽商会荣获地方“四好”商会称号，如昆山市安徽商会、常熟市安徽商会、杭州市安徽商会、嘉兴市安徽商会、宁夏安徽商会、临沂市安徽商会、贵州省安徽商会、晋城市安徽商会、常州市安徽商会、张家港市安徽商会、长治安徽商会、中山市安徽商会、无锡市安徽商会、泉州市安徽商会、烟台市安徽商会、珠海市安徽商会、常熟市安徽商会、徐州市安徽商会、金华市安徽商会、衡阳市安徽商会等。

截至2019年底，全国多家安徽商会荣获“5A”级商会称号，如广东省安徽商会、海南省安徽商会、贵州省安徽商会、江苏省安徽商会、湖北省安徽商会、吉林省安徽商会、陕西省安徽商会、青岛市安徽商会、苏州市安徽商会、中山市安徽商会、温州市安徽商会、大连徽商商会、常州市安徽商会、宁波市安徽商会、广州市安徽商会等。

商会党建工作对商会的发展至关重要，也是创建“四好”商会和“5A”商会的基础。商会党支部建设对夯实战斗堡垒、贯彻落实好上级指示要求、扎实开展工作、提升商会影响力等方面具有重要的意义。2019年，多家徽商组织成立党支部或党委。

（1）张家港市安徽商会。2019年4月12日，中共张家港市安徽商会党支部正式成立并举行揭牌仪式。活动由常务副会长兼秘书长方国智主持，经开区（杨舍镇）泗港办事处党工委书记蒋炜、市工商联副主席陈志勇、经开区（杨舍镇）非公党工委副书记陆健、经开区（杨舍镇）七里庙社区党委书记张建春等参加此次揭牌仪式。蔡有成同志当选为商会党支部书记。

（2）淮安市安徽商会。2019年5月26日，淮安市安徽商会举行党支部成立大会。淮安市工商联党组成员、副主席徐震，党组成员、副主席、市总商会党委书记尹元兵等领导和商会全体党员参加会议。会议选举张丰收、刘立祥、滕年龙、程枫、孙钢5名同志为支部委员会委员，张丰收同志任党支部书记。

（3）江门市安徽阜阳商会。2019年5月27日，中共江门市安徽阜阳商会支部委员会正式挂牌成立，王运红同志当选为商会党支部书记。

（4）连云港市安徽商会。2019年6月27日，中共连云港市安徽商会党支部成立大会在该商会会议室召开。连云港市委统战部副部长、市工商联党组书记孙振东，市工商联会员部副部长魏引成，市安徽商会会长许同柱及商会副会长、常务理事等14人共同见证了商会党支部成立。会议选举许同柱同志为党支部书记。

（5）海南省安徽商会。2019年7月5日，中共海南省安徽商会党支部召开了第一次党员大会。大会按照规定程序选举了支部书记。新当选的支部书记曹职新同志致辞并带领全体党员重温入党誓词。

（6）深圳市安徽临泉商会。2019年7月27日，深圳市安徽临泉商会党支部在深圳市南山区致远大厦召开大会，选举党支部委员及书记。王天华同志当选为商会党支部书记，安祥全同志任组织委员，闫飞同志任宣传委员。

（7）荆州市安徽商会。2019年9月10日，荆州市安徽商会在其会议室举办了荆州市安徽商会第一次党员大会及党支部成立大会。荆州市工商联党组成员、副主席范志虎，市工商联科员谢申龙，荆州市安徽商会会员江云芝、姜冯、蔡静等出席会议。江云芝同志当选为商会党支部书记。

（8）扬中市安徽商会。2019年10月18日，中共扬中市安徽商会支部委员会成立大会在三茅街道创客空间四楼会议室举行。扬中市三茅街道党工委副书记王丹、扬中市安徽商会会长程华九应邀参加了成立大会，会议由何军海主持。会议选举董凯同志担任党支部书记、李能祥同志担任组织委员、何军海同志担任宣传委员。

（9）青岛市安徽商会。2019年12月7日，中共青岛市安徽商会党委成立大会在青岛举行。青岛市安徽商会会长王明春，常务副会长、党支部书记杨禹来，顾问陈锦发等出席了会议。杨禹来、张据芳、杨凯、虞志春、吴超、孙自胜、陈帮虎当选为中共青岛市安徽商会委员会委员。

（10）唐山市安徽商会。2019年12月13日，中共唐山市安徽商会党支部成立大会在该商会会议室隆重举行，唐山市工商联会员处处长、唐山市非公有制经济商（协）会党委副书记郑建军、唐山市非公有制经济商（协）会党委委员王磊、唐山市安徽商会会长季晓兵、常务副会长陈晓峰、单国明等参加会议。会议由商会秘书长殷保兵同志主持，汪全红同志当选为商会党支部书记。

四、多家商会成功换届

湖南省安徽商会。2019年3月16日，湖南省安徽商会第二届会员大会在长沙潇湘华天大酒店顺利召开，来自湖南省各地徽商会员代表95人参加了会议。商会第一届会长、东森投资集团董事长屈东森全票当选商会第二届会长，岳阳市安徽商会会长韩玉峰当选执行会长。

重庆市安徽商会。2019年4月27日，重庆市安徽商会第四届会员大会暨换届选举大会顺利召开。会议现场投票选举了重庆市安徽商会第四届领导班子成员以及中共重庆市安徽商会支部委员会委员，梅锋当选为商会新一届会长。

东莞市安徽商会。2019年6月20日，东莞市安徽商会第三届第一次会员代表大会暨换届选举大会顺利召开。商会顾问郑征、夏宪照、胡孔齐、胡长勋、方文单、吴松华、彭代勇、管礼江，以及商会第二届理事会成员、会员代表共70人出席会议。会议选举产生了第一届理事会，苌城连任会长，曹颖骥当选为监事长，周婷被聘为秘书长。

宁夏安徽商会。2019年6月23日，宁夏安徽商会第四次会员大会在银川召开，89名会员参加了大会。会议由宁夏安徽商会党支部书记李云主持，金晓伟当选为商会新一届会长，陈亮当选为监事长。

广东省安徽商会。2019年6月30日，广东省安徽商会第二届第五次理事会暨第三届第一次会员大会在广州顺利召开。会议选举正威国际集团有限公司董事局主席王文银为第三届理事会会长。

宜昌市安徽商会。2019年7月2日，宜昌市安徽商会召开第二届第一次会员大会。宜昌市政协、市委统战部、市工商联、市民政局等相关领导出席会议。经大会选举，第一届理事会会长程钧连任第二届理事会会长。

河北省安徽商会。2019年9月8日，河北省安徽商会在石家庄召开了第三届第二次常务理事会。常务秘书长陆在金主持会议。商会常务副会长、河北博铭餐饮管理有限公司董事长马登峰当选为新一任会长。

福建省安徽商会。2019年11月23日，福建省安徽商会会长程明带领企业家考察团一行赴安徽省宿松县参加安徽顺源智纺有限公司开工仪式暨福建省安徽商会第四届第五次理事会，经全体理事及理事以上职务会员现场表决，全票通过程明连任第五届商会会长、冯海涛连任第五届商会秘书长的决议。

深圳市安徽商会。2019年11月30日，深圳市安徽商会换届大会在深圳南山豪威科技大厦四楼多功能厅顺利召开。通过选举，深圳豪威科技集团股份有限公司董事长许生连任深圳市安徽商会第二届理事会会长。

五、徽商组织学习活动

2019年6月22日至23日，由苏州市安徽商会会长聂长岐带队，一行80余位商会企业家赴安徽绩溪开展“重走徽杭古道、弘扬徽商文化”主题活动。

2019年9月20日至22日，新徽商商学院徽文化研学活动在绩溪县举行，来自三联木艺、食秀才、吉祥人寿、三河米酒等单位的30余人应邀参加了研学活动。此次研学活动采取徽商文化讲座、参观徽商村落、徒步徽商古道三种形式相结合的方式开展。

2019年10月27日至28日，华夏徽商商学院“2019届企业家创新管理与资本战略研修班”开班典礼在北京“印象徽庄”成功举行。国家发改委原副主任李子彬、首钢集团有限公司原董事长朱继民、中国人民解放军国防大学战略教研部副主任薛国安、安徽省人民政府驻北京办事处原党委书记丁昌盛、宿州市人民政府驻北京联络处主任高燕、中央财经大学商学院教授张云起、德勤税务师事务所合伙人宫滨等领导、专家、企业家近60人出席了开班典礼。此次开班典礼中，李子彬作了关于“宏观经济形势分析与企业发展机遇”的报告，朱继民作了关于“聚焦战略系统创新”的报告，薛国安作了关于“《孙子兵法》与企业战略决策”的报告，张云起分享了营销中常见的36个基本问题，宫滨分享了资本运作的风险控制与管理，等等。

2019年11月3日至4日，上海市马鞍山商会组织部分会员、乡友前往安徽绩溪徽杭古道徒步秋游，陶冶情操，感受秋天大自然的秀丽美景，开启徽商文化古道研学之旅。

为构建学习型商会，提高会员队伍整体素质和人文素养，促进全体会员成长进步，金华市安徽商会成立了徽商书院。2019年11月15日，该徽商书院举办了主题为“提升文化素养传承徽商精神”的读书活动。本次活动是徽商书院成立以来首次读书分享活动，旨在加强商会会员精神文化建设，传播正能量，增进商会会员之间的联系和交流，丰富会员的业余生活。

2020年1月10日，湖北省安徽商会在汉口香格里拉大酒店举办了新年第一场徽商大讲堂活动。该活动由商会战略顾问、绿凯智能科技（深圳）有限公司董事长殷祥云主持，8名徽商满怀激情，登台演讲，直击主题：奋进新时代，适应新常态；弘扬徽商文化，传承徽商精神。与会同志受到深刻启示和巨大鼓舞。科大讯飞股份有限公司副总裁兼武汉讯飞兴智科技有限公司总裁詹建波和绿凯智能科技（深圳）有限公司董事长殷祥云分别作了关于“人工智能走进我们生活”“好心态适应新常态”的演讲，他们结合时代特征，紧密联系实际，分享了心得体会。

六、商会区域联盟活动

2019年，全国徽商组织区域联盟活动明显增多，主要呈现两种态势：一是区域性商会之间的联盟、交流与论坛增加，如京津冀徽商论坛、东北徽商论坛、中部徽商论坛、长三角徽商论坛等；二是地域性商会之间的联盟活动，如全国宜商（安庆商会）联盟、全国阜阳商会联盟、全国池州商会联盟等。2019年，这些商会区域联盟活动成功举办。

2019年5月13日，2019中国长三角青商高峰论坛在美丽的巢湖之滨开幕。据悉，这是长三角一体化上升为国家战略后，该论坛首次在安徽合肥举行。论坛由共青团安徽省委员会、共青团上海市委员会、共青团江苏省委员会、共青团浙江省委员会、合肥市人民政府主办，安徽省青年企业家协会、安徽省青年创业者协会、上海市青年企业家协会、江苏省青商会、浙江省青年企业家协会、共青团合肥市委员会承办。来自长三角区域三省一市的青商代表、知名投资人、专家学者、青年人才等近700人参加了此次论坛活动，大家围绕长三角高质量一体化发展和青年企业家协作等话题，共商大计、共谋未来。

2019年5月19日，全国池州商会联盟成立仪式暨深圳市池州商会庆典活动在深圳凯宾斯基酒店举行。本次活动由池州市工商联、池州市投资促进局主办，深圳市池州商会承办。全国池州商会联盟是由池州市工商联倡议，全国各地池州商会共同发起成立的联谊性组织，旨在团结池州籍商界精英，为联盟成员企业健康成长和家乡经济社会发展献计出力。

2019年8月17日，由华夏徽商联盟主办、京东安徽商会承办的环首都徽商合作发展交流会在河北省三河市燕郊家和商务度假酒店成功举办。安徽省人民政府驻北京办事处原党委书记丁昌盛，华夏徽商联盟执行主席马悦凯，吉林省安徽商会会长刘启斌等参加了此次会议。会议由程欣然、张子民主持。会议以“团结、联动、发展、共赢”为主题，围绕环首都徽商组织如何挖掘和整合出更多资源，扩宽合作领域，实现更好的发展展开交流讨论。

2019年11月30日，东北徽商经济论坛高峰会议暨沈阳市安徽商会成立十周年庆典活动在沈阳市禧悦酒店隆重举行，来自皖、辽两省的党政领导及东北22个安徽商会的精英560余人参加了此次活动，大家共议徽商发展、叙乡情友谊、话使命担当，并举办了以“东北振兴·徽商在行动”为主题的东北徽商经济论坛。

2019年12月5日至7日，由安庆市工商联、全国安庆商会联盟组织，全国安庆商会联盟的百名宜商来潜山开展“不忘初心、皖源寻根、共谋发展”考察座谈活动。来自全国20多家异地安庆商会的会长、副会长、秘书长等共计100余人参加了此次活动。

2019年12月22日，由装家联盟和各商协会参与举办的京津冀徽商精英年会在北京丰大国际大酒店顺利召开。此次年会是京津冀具有代表性和权威性的徽商盛会，更是促进京津冀经济与商业发展的最佳推广和宣传平台。此次年会为徽商企业提供了更多资源，形成了互带互动、优势互补、资源共享、共同发展的新格局，带动了京津冀地区各省市的徽商组织及徽商精英人士的抱团发展。

2019年，还有一些县（县级市）开展了异地商会联盟活动，如巢湖市、庐江县等。区域商会联盟活动的增多为商会之间的交流、资源整合创造了更多的机会，利于天下徽商的协同发展。

徽商企业

本书中的徽商企业是指省内外由徽商独立创办或控股的企业，或由徽商管理的企业。

2019年，徽商企业发展不断开创新高，创造辉煌，引领行业发展。从“创新追赶”到“创新引领”，创新已经成为徽商的最大优势、最靓名片、最强音符。2019年11月12日，在第八届中国创新创业大赛新材料行业总决赛上，来自滁州市的安徽科昂纳米科技有限公司在行业总决赛上荣获初创企业组一等奖。这是安徽省企业参加中国创新创业大赛以来所获的最高奖项。2019年度国家科学技术奖励大会上，由周光宏教授、徐幸莲教授团队与徽商企业江苏雨润肉类产业集团有限公司共同承担的“肉品风味与凝胶品质控制关键技术研发及产业化应用”项目荣获国家科技进步二等奖。这是江苏雨润集团荣获2013年度国家科学技术进步二等奖之后，时隔六年再次斩获国家级殊荣，成为国内肉食品行业唯一两获国家科技进步奖的民营企业。2019世界制造业大会上，长鑫存储技术有限公司引人瞩目。2019年9月21日，总投资超过2 200亿元的合肥长鑫集成电路制造基地项目在合肥签约，其中长鑫12英寸存储器晶圆制造基地项目总投资约1 500亿元，是安徽省单体投资最大的工业项目。

2019年，安徽8项科技成果获国家科学技术奖，每万人发明专利拥有量11.7件，区域创新能力连续8年稳居全国第一方阵。2019年，全球率先达到48个量子比特的光与冷原子量子计算与模拟由中国科学技术大学实现；2019年9月18日，中国首片8.5代超薄浮法（TFT-LCD）玻璃基板产品在安徽蚌埠下线，我国也因此一跃成为继美日之后全球第三个掌握高世代TFT－LCD玻璃基板生产技术的国家；2019年9月，长鑫存储动态随机存储芯片（DRAM）项目在合肥投产，长鑫存储技术有限公司是中国第一家自主研发并投入量产的DRAM设计制造一体化企业，实现了中国在这一领域的历史性突破；2019年，中国科学院合肥物质科学研究院研发的特种缓冲吸能材料成功应用于“嫦娥四号”。这些都标志着安徽原创性、首创性科技成果和产品获得重大突破。如今，安徽正在进一步培育壮大新兴产业，智能家电、电子信息、新能源汽车、工业机器人、人工智能五大新兴产业发展正酣。据统计，安徽制造的冰箱、洗衣机、彩电、空调家电“四大件”产量连续两年突破1亿台；新能源汽车累计销售15.7万辆，占全国12.4%；工业机器人产量突破1万台；六轴工业机器人产量居全国第一。

2019年，安徽高新技术企业数达到了6 636家，比上年新增1 233家，同比增长超过20%（22.8%），总数继续位居全国前列。作为高质量发展的一个重要标志，近年来，安徽依托“四个一”创新主平台和“一室一中心”分平台建设，持续加大研发投入和促进科研成果转移转化，每年都遴选一批有潜力的科技型小微企业予以重点扶持，为高新技术企业培育后备力量。

2019年11月2日，《哈佛商业评论》中国年会在北京召开，会上同期发布了“2019鼎革奖——中国数字化转型先锋榜”的评选结果，比亚迪股份有限公司、苏宁控股集团有限公司、美的集团股份有限公司均跻身“2019中国数字化转型先锋企业榜”。2019年8月20日，《财富》杂志发布“2019改变世界的企业榜”，比亚迪股份有限公司位列第三，是该榜单前十名中唯一的中国企业，也是整个榜单中唯一的汽车企业。

一、2019年徽商企业上市分析

企业上市与否虽然与企业的实力并非密切相关，但总体上来说，上市企业的数量多少与当地的经济发展、产业发展、营商环境、城市竞争力、城市形象、发展活力等密切相关。徽商上市企业提升了徽商整体形象，引领了相关产业的发展。

截至2019年底，在安徽本土上市的徽商企业A股有105家，在香港、美国等地上市的徽商企业有14家，省外徽商上市企业有56家，各类徽商上市企业累计达175家（不包括新三板）。其中，省外徽商上市企业中，广东省徽商上市企业最多，而且大多数都是制造型和科技型的企业，这与珠三角地区制造业的发展有很大关联。省外徽商上市企业分布见表5、表6、表7、表8、表9所示。

表5 广东省徽商上市企业

序号	公司名称	股票代码	徽商	籍贯
1	比亚迪股份	002594 01211.HK	王传福	无为

续 表

序号	公司名称	股票代码	徽商	籍贯
2	比亚迪电子	00285.HK	王传福	无为
3	融捷股份	002192	吕向阳	无为
4	融捷健康	300247	吕向阳	无为
5	华讯方舟股份	000687.SZ	吕向阳	无为
6	迈瑞医疗	300760.SZ	李西廷	砀山
7	科达洁能股份	600499	边程	—
8	长盈精密技术	300115	陈奇星	望江
9	易事特	300376	何思模	宿松
10	歌力思服饰	603808	夏国新	安徽
11	冰川网络	300533	刘和国	东至
12	达实智能	002421	刘磅	宿州
13	赛为智能	300044	周勇	舒城
14	名家汇	300506	程宗玉	六安
15	九鼎新材	002201	王文银	潜山
16	大富科技	300134.SZ	孙尚传	怀远
17	光汇石油	00933.HK	薛光林	天长
18	劲胜智能	300083.SZ	夏军	庐江
19	中盈盛达	01543.HK	吴列进	桐城
20	天源迪科	300047	陈友	铜陵
21	英唐智能	300131	胡庆周	淮北
22	德豪润达	002005	王冬雷	蚌埠
23	雷士照明	02222.HK	王冬雷	蚌埠

续 表

序号	公司名称	股票代码	徽商	籍贯
24	新国都股份	300130	江汉	六安
25	领益智造	002600.SZ	江南东	绩溪
26	澳亚食品股份	AFC(NZAX)	夏阳	巢湖
27	澳洲三和建材	澳大利亚 APX 819	夏阳	巢湖
28	美的集团	000333	方洪波	枞阳
29	同洲电子股份	002052	袁明	—
30	海普瑞	002399	李坦	阜阳
31	华孚时尚	002042	陈玲芬	淮北

表6 江苏省徽商上市企业

序号	公司名称	股票代码	徽商	籍贯
1	苏宁云商	002024.SZ	张近东	天长
2	乐购仕	日本上市:ラオックス【8202】	张近东	天长
3	苏宁环球	000718	张桂平	天长
4	RedRover	韩国:RedRover	张桂平	天长
5	丰盛控股	00607.HK	季昌群	当涂
6	中国高速传动	00658.HK	季昌群	当涂
7	雨润食品	1068.HK	祝义财	桐城
8	中央商场	600280	祝义财	桐城
9	国轩高科	002074	李缜	桐城
10	雅迪控股	01585.HK	董经贵	六安

表7 上海市徽商上市企业

序号	公司名称	股票代码	徽商	籍贯
1	飞凯材料	300398	张金山	宿松
2	微盟集团	02013.HK	孙涛勇	宿松
3	中国物流资产	01589.HK	李士发	南陵
4	巨人网络	002558.SZ	史玉柱	怀远
5	蔚来汽车	Nasdaq :NIO	李斌	太湖
6	龙韵传媒	603729	段佩璋	桐城

表8 浙江省徽商上市企业

序号	公司名称	股票代码	徽商	籍贯
1	兑吧集团	01753.HK	陈晓亮	怀宁
2	云集	Nasdaq:YJ	肖尚略	铜陵
3	慕容沙发	1575.HK	邹格兵	望江

表9 全国其他地方徽商上市企业

序号	公司名称	股票代码	徽商	籍贯
1	蓝鼎国际	00582.HK	仰智慧	潜山
2	远航港口	08502.HK	桂四海	桐城
3	布莱克万矿业	0159.HK	桂四海	桐城
4	珍宝岛药业	603567	方同华	亳州
5	联想集团	00992.HK	杨元庆	合肥
6	老虎证券	Nasdaq:TIGR	巫天华	安徽

二、2019年世界企业500强中的徽商企业

2019年7月22日，美国《财富》杂志正式公布2019年世界企业500强榜单，其中6家徽商企业上榜（见表10），2家安徽本土企业首次跻身世界企业500强榜单。

表10 《财富》2019年世界企业500强中的徽商企业

序号	企业名称	排名
1	正威国际集团	119
2	联想集团	212
3	美的集团股份有限公司	312
4	苏宁易购集团	333
5	安徽海螺集团	441
6	铜陵有色金属集团	461

三、2019年中国企业500强中的徽商企业

2019年9月1日，中国企业联合会、中国企业家协会在山东济南发布2019年中国企业500强榜单，其中15家徽商企业入榜（见表11）。

表11 2019年中国企业500强中的徽商企业

序号	企业名称	排名
1	苏宁控股集团	19
2	正威国际集团有限公司	29

续 表

序号	企业名称	排名
3	联想集团有限公司	53
4	美的集团股份有限公司	80
5	安徽海螺集团有限责任公司	105
6	铜陵有色金属集团控股有限公司	109
7	比亚迪股份有限公司	142
8	马钢(集团)控股有限公司	210
9	奇瑞控股集团有限公司	267
10	淮北矿业(集团)有限责任公司	287
11	安徽江淮汽车集团控股有限公司	342
12	淮河能源控股集团有限责任公司	386
13	中科电力装备集团有限公司	399
14	安徽建工集团控股有限公司	401
15	安徽省皖北煤电集团有限责任公司	472

四、2019年中国民营企业500强中的徽商企业

2019年8月22日，全国工商联在青海省西宁市发布了2019年中国民营企业500强榜单，其中10家徽商企业上榜（见表12）。

表12　2019年中国民营企业500强中的徽商企业

序号	企业名称	排名
1	苏宁控股集团	3
2	正威国际集团有限公司	4

续 表

序号	企业名称	排名
3	联想控股股份有限公司	9
4	美的集团股份有限公司	16
5	比亚迪股份有限公司	32
6	文一投资控股集团	262
7	山鹰国际控股股份公司	348
8	广东领益制造股份有限公司	388
9	华孚控股有限公司	436
10	雅迪科技集团有限公司	449

五、2019年行业榜单及其他榜单中的徽商企业

2019年11月25日，工信部公布了工业产品绿色设计示范企业名单（第一批），美的集团股份有限公司、安徽安利材料科技股份有限公司、芜湖红方包装科技股份有限公司3家徽商企业入选。

2019年8月14日，中国互联网协会、工信部网络安全产业发展中心（工信部信息中心）联合发布了2019年中国互联网企业100强榜单，其中4家徽商企业上榜（见表13）。

表13 2019年中国互联网企业100强中的徽商企业

序号	企业名称	排名
1	苏宁控股集团有限公司	14
2	巨人网络集团股份有限公司	34

续 表

序号	企业名称	排名
3	易车控股有限公司	41
4	科大讯飞股份有限公司	52

2019年7月18日，中国电子信息行业联合会发布了2019年（第33届）电子信息百强企业榜单，其中7家徽商企业上榜（见表14）。

表14　2019年（第33届）电子信息百强企业中的徽商企业

序号	企业名称	排名
1	联想集团	2
2	比亚迪股份有限公司	6
3	普联技术有限公司	61
4	铜陵精达特种电磁线股份有限公司	70
5	阳光电源股份有限公司	72
6	芜湖长信科技股份有限公司	78
7	安徽天康(集团)股份有限公司	79

2019年9月7日，第十九届亚太零售商大会暨国际消费品博览会在重庆举办，中国商业联合会、中华全国商业信息中心发布了2018年度中国零售百强榜单，其中3家徽商企业榜上有名（见表15）。

表15　2018年度中国零售百强中的徽商企业

序号	企业名称	排名
1	苏宁易购集团股份有限公司	4

续 表

序号	企业名称	排名
2	合肥百货大楼集团股份有限公司	13
3	阜阳华联集团股份有限公司	79

2019年8月25日，由中国医药工业信息中心主办的2019年（第36届）全国医药工业信息年会在连云港盛大开幕，大会发布了备受行业关注的2018年度中国医药工业百强企业榜单，徽商企业有2家上榜，即悦康药业集团有限公司（排64位）、安徽丰原集团有限公司（排94位）。

2020年6月2日，中国连锁经营协会发布了2019年中国连锁百强销售榜单。该榜单显示，2019年全国连锁企业百强销售规模近2.6万亿元，同比增长5.2%，占社会消费品零售总额的6.3%；其中，苏宁易购以3 787.4亿的销售规模居百强榜首；连锁百强门店总数14.4万个，同比增长5.9%。苏宁易购集团股份有限公司（第1名）、合肥百货大楼集团股份有限公司（第45名）、阜阳华联集团股份有限公司（第66名）、安徽商之都股份有限公司（第99名）成为入围百强的4家徽商企业。

2020年6月17日，中国烹饪协会发布了2019年度中国餐饮企业百强分析报告榜单，其中5家徽商企业上榜（见表16）。

表16 2019中国餐饮企业百强中的徽商企业

序号	企业	排名
1	合肥长快餐饮有限公司	18
2	安徽老乡鸡餐饮有限公司	27
3	中饮巴比食品股份有限公司	28

续 表

序号	企业	排名
4	安徽岸香国际企业管理有限公司	50
5	同庆楼餐饮股份有限公司	55

2019年8月29日，中国建筑企业管理协会发布了2019年中国建筑企业综合实力100强榜单，其中5家徽商企业上榜（见表17）。

表17 2019年中国建筑企业综合实力100强中的徽商企业

序号	企业名称	排名
1	安徽建工集团有限公司	41
2	合肥建工集团有限公司	77
3	中城投集团第六工程局有限公司	85
4	安徽水安建设集团股份有限公司	87
5	安徽湖滨建设集团有限公司	99

2019年上市公司市值500强榜单中，17家徽商企业上榜（见表18）。

表18 2019年上市公司市值500强榜单中的徽商企业

序号	企业名称(证券名称)	排名
1	美的集团	21
2	海螺水泥	38
3	迈瑞医疗	55
4	比亚迪	98
5	苏宁易购	138

续 表

序号	企业名称(证券名称)	排名
6	科大讯飞	168
7	领益智造	176
8	古井贡酒	188
9	三七互娱	241
10	联想集团	245
11	海螺创业	248
12	巨人网络	368
13	口子窖	402
14	中国东方教育	415
15	国元证券	431
16	比亚迪电子	447
17	蔚来	465

农民日报社发布的2019年农业产业化龙头企业500强榜单中，23家徽商企业上榜（见表19）。

表19　2019年农业产业化龙头企业500强中的徽商企业

序号	企业名称	排名
1	合肥周谷堆农产品批发市场股份有限公司	21
2	安徽丰原集团有限公司	65
3	中粮生物化学(安徽)股份有限公司	78
4	安徽强英鸭业集团有限公司	97
5	现代牧业(集团)有限公司	109

续 表

序号	企业名称	排名
6	洽洽食品股份有限公司	145
7	同福集团股份有限公司	149
8	安徽安粮实业发展有限公司	204
9	安徽天馨工艺制品集团有限公司	217
10	安徽富煌三珍食品集团有限公司	282
11	和县金城米业有限责任公司	283
12	安徽济人药业有限公司	289
13	安徽省福润肉类加工有限公司	295
14	安徽源和堂药业股份有限公司	332
15	安徽燕之坊食品有限公司	347
16	宿州市皖神面制品有限公司	367
17	安徽省凤宝粮油食品(集团)有限公司	372
18	安徽稼仙金佳粮食集团股份有限公司	378
19	安徽光明槐祥工贸集团有限公司	380
20	安徽夏星食品有限公司	400
21	溜溜果园集团股份有限公司	431
22	安徽华卫集团禽业有限公司	436
23	宣城市立大禽业有限公司	440

2019中国100大跨国公司榜单中，徽商企业有3家：苏宁控股集团排36位，铜陵有色金属集团控股有限公司排76位，安徽中鼎控股（集团）股份有限公司排98位。

2019中国战略性新兴产业领军企业100强榜单中，徽商企业有4家：苏宁控股集团有限公司排18位，比亚迪股份有限公司排24位，安徽中鼎控股（集团）股份有限公司排94位，深圳迈瑞生物医疗电子股份有限公司排96位。

2019年8月19日，2019上海企业100强名单正式发布，上海景域文化传播股份有限公司登上榜单，排名第73位，成为该榜单中唯一的徽商企业。

六、“合新欧”专列助推徽商产品国际化

随着中国与“一带一路”国家经贸往来的加深，中外各行业企业的货运需求持续增长，中欧班列、中亚班列也随之走向“定制化”，更多货品从“拼车”转为“专车”。合肥货运中心对定制班列采取全程跟踪服务，成立专门小组，从装车方案制定，到装载加固状态，沿途层层跟踪把关，确保班列高质量开行。

2019年，合肥中欧班列全年共开行368列，超过2014年至2018年发运5年的列数总和，同比发运列数增长102.2%，同比箱量增长102.64%，实现贸易额115.92亿美元（其中，铁海联运实现贸易额16.32亿美元，安徽货物贸易额占铁海联运贸易额的95%）。共开行17条线路，直达欧亚7个国家、20个节点城市。据中国铁路公布的数据显示，截至2019年底，合肥中欧班列增速居全国首位，开行量位居全国第7位（共62个排名城市）、长三角第1名，已初步形成东部（合肥）、中部（郑州）、西部（重庆、成都、西安）的区域发展新格局。

2019年，合肥国际陆港持续实施“合新欧+”战略，累计服务安徽本土企业400余家，同比增长120余家外贸企业，在原有

“江淮号”“奇瑞号”“晶澳号”等基础上新增“康宁号”“马钢号”等企业定制班列，品牌知名度和美誉度不断提升。

据了解，2020年，安徽省中欧班列货运范围将继续扩大，服务标准也将持续升级，定制化服务将惠及更多企业，推动安徽省更好融入长三角一体化进程。

七、徽商回归创新高

2019年，安徽全省5 000万元以上在建徽商回归项目354个，投资总额1 153.9亿元，实际到位资金328.3亿元，同比增长6.7%。

为了推动徽商回归，安徽省合作交流办公室、各地级市招商部门、各园区、各徽商组织携手努力，共推徽商回归，深入长三角、珠三角等重点区域走访调研，开展专题招商、招商推介、邀商恳谈等多种形式的活动，大力承接粤港澳地区、长三角区域的产业转移。

2019年9月9日至10日，安徽省合作交流办公室在滁州市组织召开了全省利用省外资金和徽商回归工作交流会暨统计工作培训会，交流招商工作经验，助推徽商回归，抢抓长三角一体化、中部崛起以及国家引导东部发达地区产业向中西部转移等重要机遇，坚持高质量发展，聚焦重点区域、重点产业，创新招商方式，优化营商环境，推动利用省外资金和徽商回归工作再上新台阶。

八、省外百亿徽商企业

营业收入超百亿是无数企业奋斗的目标。通过对省外徽商企业的监测统计，结合各地发布的民营企业百强榜单，2019年有15家徽商企业营收超百亿（见表20）。

表20 2019年营收超百亿的徽商企业

序号	企业名称	徽商	籍贯
1	联想集团	杨元庆	合肥
2	正威国际集团	王文银	潜山
3	美的集团	方洪波	枞阳
4	苏宁集团	张近东	天长
5	比亚迪	王传福	无为
6	融捷控股	吕向阳	无为
7	苏宁环球集团	张桂平	天长
8	雨润集团	祝义财	桐城
9	迈瑞生物医疗	李西廷	砀山
10	景域集团(驴妈妈)	洪清华	宿松
11	领益智造	江南东	绩溪
12	华讯方舟	吕向阳	无为
13	华孚时尚股份	陈玲芬	淮北
14	普联技术	赵建军	桐城
15	江苏雅迪科技	董经贵	六安

百亿徽商企业都在所处的领域引领行业发展。除了超百亿的

企业之外，还有一批徽商企业正在朝“百亿俱乐部”迈进，如珍宝岛企业集团、TATA木门等。伴随着徽商在云科技、大数据、人工智能、量子科技、新能源等产业方面的崛起，越来越多的百亿徽商企业将会出现。

徽商人物

本书中的徽商人物是指省内外的各类徽商，包括省外安徽籍的企业家和省内的企业家，他们弘扬徽商精神和企业家精神，带领企业开拓进取，不断创新，领跑行业发展。

一、多位徽商入选2019年福布斯、胡润、《财富》富豪榜

2019年11月7日，福布斯发布2019年度中国富豪榜，400位中国富豪登上榜单，其中14位徽商上榜（见表21）。

表21 福布斯2019年度中国富豪榜中的徽商

序号	姓名	排名
1	王文银	21
2	李西廷	27
3	张近东	30
4	王传福	79
5	吕向阳	112
6	田明	153

续 表

序号	姓名	排名
7	吴俊保	181
8	章燎原	235
9	史玉柱	255
10	张桂平家族	270
11	吴绪顺家族	342
12	方洪波	347
13	吴伟	370
14	肖国庆	385

2019年10月10日，胡润研究院发布了2019胡润百富榜，1819名财富超过20亿元的企业家入围，37名徽商入榜，其中11名徽商进入财富500强（见表22）。

表22　2019胡润百富榜中的徽商

序号	姓名	排名
1	王文银家族	15
2	张近东	15
3	李西廷	40
4	史玉柱、史静	72
5	吕向阳、张长虹	86
6	王传福	96
7	吴俊保	244
8	田明	266

续 表

序号	姓名	排名
9	吴绪顺家族	427
10	张桂平、张康黎	427
11	陈先保家族	444

2019年4月15日，《财富》中文版发布了2019年中国最具影响力的50位商界领袖榜单，其中苏宁易购集团股份有限公司董事长张近东、美的集团股份有限公司董事长兼总裁方洪波、比亚迪股份有限公司董事会主席王传福、联想集团有限公司董事局主席兼首席执行官杨元庆4位知名徽商入围榜单。

二、2019年创新力徽商榜单

在2019年9月20日举行的2019世界制造业大会·徽商论坛上，2019年创新力徽商名单发布（见表23）。2019年创新力徽商颁奖词为：他们深耕制造，扎根在制造业产业链上，在高端制造、智能制造、绿色制造、制造与服务业融合上开拓创新；他们引领潮流，在新技术、新产品、新业态、新模式上推动产业转型升级，是经济高质量发展的积极践行者；他们是成长先锋，站在新经济的潮头上，成长力显著，积蓄着未来发展成"独角兽"或行业"单打冠军"的新锐力量，是用创新投资未来的追梦人。

表23　2019年创新力徽商名单

序号	姓名	所在企业名称与职务
1	王小飞	中科电力装备集团有限公司董事长

续 表

序号	姓名	所在企业名称与职务
2	邓帮武	安徽舜禹水务股份有限公司董事长
3	石磊	安徽旭奇数据技术有限公司联合创始人
4	朱泉忠	上海振达船舶科技有限公司董事长
5	刘磅	深圳达实智能股份有限公司董事长
6	关胜兵	北京北方国建控股集团有限公司董事长
7	许礼进	埃夫特智能装备股份有限公司董事长
8	杜应流	安徽应流集团董事长
9	李士发	上海宇培国际控股集团董事长
10	李云龙	深圳统达投资集团有限公司董事长
11	李松珊	安徽国祯集团股份有限公司总裁
12	杨桂生	上海杰事杰新材料(集团)股份有限公司董事长
13	吴献忠	上海电能电气(集团)有限公司董事长
14	张彦	宁波激智科技股份有限公司董事长
15	陈友	深圳天源迪科信息技术股份有限公司董事长
16	陈强兵	用友网络科技股份有限公司总裁
17	周西柱	北京立思辰信息安全科技集团首席执行官
18	周勇	深圳赛为智能股份有限公司董事长
19	郑伟鹤	深圳同创伟业创业投资有限公司董事长
20	聂建明	上海恒实投资集团有限公司董事长
21	徐杰	安徽安泰科技股份有限公司创始人
22	徐文中	苍穹数码技术股份有限公司董事长
23	黄汪	安徽华米信息科技有限公司首席执行官

续 表

序号	姓名	所在企业名称与职务
24	章燎原	三只松鼠股份有限公司创始人
25	程明	福建晨明集团有限公司董事长
26	程宗玉	深圳名家汇科技股份有限公司董事长
27	焦贤才	宝湾产城发展有限公司总经理
28	潘华政	上海达精电器成套设备有限公司董事长
29	薛道荣	北京奥普科星技术有限公司董事长
30	魏平	广州至信药业股份有限公司董事长

2019年8月29日，在隆重庆祝中华人民共和国成立70周年之际，为表彰先进，树立典型，进一步激励广大非公有制经济人士和新的社会阶层人士坚定理想信念、坚持高质量发展、自觉诚信守法、积极承担社会责任，中央统战部、工信部、人社部、市场监管总局和全国工商联共同开展了第五届全国非公有制经济人士优秀中国特色社会主义事业建设者评选表彰活动，决定授予雷军等100名非公有制经济人士和新的社会阶层人士“优秀中国特色社会主义事业建设者”称号，其中4位徽商入选（见表24）。

表24 荣获“优秀中国特色社会主义事业建设者”称号的徽商

序号	姓名	所在企业名称与职务
1	刘屹	安徽艾可蓝环保股份有限公司董事长兼总经理
2	程磊	马鞍山百助网络科技有限公司首席执行官
3	李强	安徽省涡阳县鸿翔时装店经理
4	王传福	比亚迪股份有限公司董事长兼总裁

在能源产业70年“功勋人物”系列榜单之“新时代十大领军

民营企业家”名单中，比亚迪股份有限公司董事长兼总裁王传福、阳光电源股份有限公司董事长曹仁贤两位徽商入选。

徽商何帮喜、祝义财荣获中共中央、国务院、中央军委颁发的“庆祝中华人民共和国成立70周年纪念奖章”。

2019年10月25日，新浪网和微博联合发起以“布局未来领航趋势”为主题的2019中国新经济领航人物评选活动，评选出安徽区域十强，榜单如表25所示。

表25　2019中国新经济领航人物评选安徽十强榜单（排名不分先后）

序号	姓名	所在企业名称与职务
1	田明	合肥美亚光电技术股份有限公司董事长
2	郑中华	安徽博约信息科技股份有限公司董事长
3	金国清	安徽省司尔特肥业股份有限公司董事长
4	束从轩	安徽老乡鸡餐饮有限公司创始人
5	华青梅	安徽科希曼电器有限公司首席执行官
6	冯雷	合肥维天运通信息科技股份有限公司董事长
7	章燎原	三只松鼠股份有限公司创始人
8	许礼进	安徽埃夫特智能装备股份有限公司董事长
9	吴昆明	安徽高梵制衣有限公司董事长
10	王卫	安徽乐城投资股份有限公司董事长

2019年10月19日，2019福布斯中国领导力论坛在青岛国际会议中心举行。活动现场，福布斯环球媒体控股有限公司首席中国顾问、福布斯中国总编范鲁贤（Russell Flannery）权威解读了“2019福布斯中国企业跨国经营杰出领导人榜单”，并发布年度商业人物之跨国经营商业领袖，美的集团股份有限公司董事长兼总

裁方洪波，比亚迪股份有限公司董事长兼总裁王传福，安徽海螺集团有限责任公司党委委员、安徽海螺水泥股份有限公司党委副书记、总经理吴斌3位徽商入选。

三、徽商“二代”崭露头角

“二代”接班与传承事关徽商的家族事业。近年来省内外一批徽商“二代”崭露头角，如国祯集团的李松珊、巨人集团的史静、桃花源工贸集团的王磊、老乡鸡的束小龙、谢裕大的谢明之等，他们继承父业，争做新时代的新徽商。

截至2019年底，安徽省委统战部、安徽省工商联已在全省16个地级市成立了青年徽商组织，如安徽省青年徽商商会、黄山市青年徽商商会、铜陵市青年徽商商会、池州市青年徽商商会、蚌埠市青年徽商商会、淮北市青年商会、宿州市青年企业家商会、芜湖市青年商会、合肥市青年商会、马鞍山市青年商会、安庆市新生代企业家商会、宣城市青年商会、阜阳市青年企业家商会、亳州市青年企业家协会、六安市青年创业商会、淮南市青年企业家商会等。

2019年，安徽省经信厅联合上海交通大学开展新徽商培训工程，针对徽商“二代”、新生代接班人开展专题培训。培训主体为家族企业接班人，培训内容：以组织转型为核心，以一二代融合为先导，重点开展现代企业管理理念培育、家族企业战略与品牌塑造、家族企业传承与发展等方面的培训。与此同时，2019年，安徽省经信厅还针对全省中小企业，在多个县市举办了多期“新时代·新制造·新徽商”大讲堂，助力徽商制造。

四、女性徽商精英

在大众的刻板印象里，商界多半是男性驰骋的沙场，其实随着社会的发展和进步，越来越多的女性开始在商界崭露头角。于是，当我们提到徽商时，不再是只能叫出张桂平、王文银、王传福、刘庆峰等男性徽商的名字，还能看到诸多女性徽商的风采，她们用智慧和果敢打拼出属于她们自己的事业。

民国第一女徽商吕碧城就书写过精彩的商业传奇，今天的女徽商们，分布在不同行业和领域，搏击商海，开拓创新，用美丽与智慧书写新时代的女徽商传奇（见表26）。

表26 女性徽商精英

序号	姓名	所在企业	职务
1	马东敏	百度集团	董事长助理
2	李坦	海普瑞	副总经理
3	刘结红	正威国际	执行董事
4	翟立	同华投资	总裁
5	史静	巨人网络	股东
6	赵薇	龙薇传媒	董事长
7	朱慧秋	华信生物	董事长
8	陈玲芬	华孚时尚	总裁
9	艾诚	艾问传媒	董事长
10	陈兰芳	恒基集团	董事长
11	李贵华	华威药业	董事长

续 表

序号	姓名	所在企业	职务
12	徐玉美	国邦集团	董事长
13	刘燕	燕庄油脂	董事长
14	张丽	三宝集团	董事长
15	朱盈	划云集团	董事长
16	林小冬	林氏集团	董事长
17	郭耀华	合凯电气	董事长
18	张淑萍	佳讯科技	董事长
19	刘光霞	庐州烤鸭	董事长
20	周伊凡	富煌集团	副董事长
21	徐秋红	文康科技	董事长
22	吴云红	衣贝洁实业	董事长
23	张社青	好波内衣	总经理
24	杨芙蓉	万家能源	董事长
25	方雯	江淮创大	董事长
26	刘战鹰	英士博纺织	董事长
27	杨晓惠	惠千姿	总经理
28	赵玉秀	恒信集团	董事长
29	沈欣	农道集团	董事长
30	陈冬梅	华泰集团	董事
31	常莹	徽灵生物	董事长
32	纪燕萍	赛昂教育	董事长
33	张爱群	华峰暖通	董事长

续 表

序号	姓名	所在企业	职务
34	储金霞	芜湖储氏铁画	董事长
35	刘慧	祥舜木雕	总经理
36	张美	盛绿建设	总经理
37	程华	锦华机械	董事长
38	周梅	白根柱食品科技	总经理

徽商制造

徽商制造是指在制造业领域中的徽商企业。世界制造业大会在安徽举行让徽商制造飞速发展，新徽商凭借深厚的商业文化底蕴，创造出海螺、希玛、比亚迪、奇瑞、古井贡酒、科大讯飞、雅迪等一批国人耳熟能详的民族品牌，不少品牌市场占有率甚至位居亚洲乃至世界的前列，成为“中国制造”乃至“世界制造”的代表，从跟跑到领跑，徽商制造不断刷新纪录。

古代，安徽的青铜炼铸、造纸、活字印刷等技术领先世界；早在五千多年前，凌家滩就制造出玉龙、石钻等叹为观止的工艺精品。近代，安庆内军械所开创了“中国军事工业建设先河”，制造出中国第一台蒸汽机、第一艘机动轮船。中华人民共和国成立后，世界第一台VCD，中国第一台国产空调、微型电脑都诞生在安徽。

1941年，在绩溪县龙川村创办缫丝厂的徽商胡练九毕生致力于丝绸行业，是徽商中由商业贸易向工业生产转变的较早跨越者之一，被誉为徽商工业创始人；20世纪80年代，以傻子瓜子年广久为代表的第一批新徽商开始崛起，这些体制外的“能人”创新创业，转变为企业家；20世纪90年代，以巨人集团史玉柱、雨润集团祝义财、比亚迪集团王传福、正威国际王文银、苏宁控股集团张近东等为代表的第二批新徽商大量涌现，现在已成为新徽商的主要群体；2000年前后，随着互联网的发展，涌现出一批高学历、拥有专业背景和高技术的专家型新徽商，以科大讯飞刘庆锋、杰事杰新材料杨桂生、联想集团杨元庆、美的集团方洪波等为代表；2010年前后，随着淘宝、微信等的出现与普及，云端概念与人工智能的开启，涌现出了新一批的徽商代表，如三只松鼠章燎原、微盟孙涛勇、云集共享科技肖尚略、旷视科技印奇等，他们是21世纪“新经济”“网络经济”“中国制造”的重要推动力量。

今天的徽商，在制造领域快速崛起，他们依托品牌效应引发爆发力，在许多领域内创造了一批龙头产业；他们依靠科技创新，占据了领先地位；他们秉承了老徽商“贾而好儒”的特点，文化领先，争当创业先锋。

2019年，在工信部首次开展的制造业高质量发展综合评价中，安徽省得分78.77，居全国第九位、中部第一位。在2019世界制造业大会工业互联网高端论坛暨第二届长三角工业互联网峰会上，《中国云制造指数》首度发布。报告显示：长三角区域是我国云制造发展的领航区；长三角区域云制造指数为36.5，制造企业上云比例为55.4%，分别高出全国整体水平10.3个百分点和11.5个百分点；安徽居全国第八位、中部第一位。

一、徽商制造入选各类榜单

2019年9月1日，中国企业联合会、中国企业家协会在山东济南发布了2019年中国企业500强、制造业企业500强、服务业企业500强、战略性新兴产业领军企业100强、中国100大跨国公司等榜单，22家徽商企业入选中国制造企业500强（见表27）。

表27　2019年中国制造业企业500强中的徽商企业

序号	企业名称	排名
1	正威国际集团有限公司	7
2	联想集团有限公司	16
3	美的集团股份有限公司	23
4	安徽海螺集团有限责任公司	38
5	铜陵有色金属集团控股有限公司	39
6	比亚迪股份有限公司	53
7	马钢(集团)控股有限公司	93
8	奇瑞控股集团有限公司	118
9	安徽江淮汽车集团控股有限公司	161
10	中科电力装备集团有限公司	190
11	山鹰国际控股股份公司	295
12	安徽新华发行(集团)控股有限公司	403
13	安徽中鼎控股(集团)有限公司	407
14	深圳迈瑞生物医疗电子股份有限公司	415
15	安徽淮海实业发展集团有限公司	420
16	安徽楚江科技新材料股份有限公司	423
17	铜陵精达特种电磁线股份有限公司	443
18	普联技术有限公司	465

续 表

序号	企业名称	排名
19	雅迪科技集团有限公司	479
20	安徽天康(集团)股份有限公司	484
21	安徽古井集团有限责任公司	485
22	安徽叉车集团有限责任公司	488

2019年11月20日，为助力长三角一体化高质量发展，宣传长三角大企业的发展成果，促进长三角区域企业协同融合，上海市企业联合会、上海市企业家协会、江苏省企业联合会、江苏省企业家协会、浙江省企业联合会、浙江省企业家协会、安徽省企业联合会和安徽省企业家联合会共同组织开展了长三角百强企业的排序和联合发布活动，11家徽商企业进入2019长三角制造业100强榜单（见表28）。

表28　2019长三角制造业100强中的徽商企业

序号	企业名称	排名
1	安徽海螺集团有限责任公司	7
2	铜陵有色金属集团控股有限公司	8
3	马钢(集团)控股有限公司	31
4	联宝(合肥)电子科技有限公司	38
5	全威(铜陵)铜业科技有限公司	42
6	美的集团芜湖公司	44
7	奇瑞控股集团有限公司	46
8	安徽江淮汽车集团控股有限公司	55
9	中国石油化工股份有限公司安庆分公司	63

续 表

序号	企业名称	排名
10	美的集团合肥公司	72
11	格力电器(合肥)有限公司	100

2019年11月18日，由广东省制造业协会、广东省产业发展研究院、广东省社会科学院企业竞争力研究中心共同主办的2019广东省制造业发展年会暨广东制造业500强企业峰会在广州举行。2019年广东制造业企业500强中有8家徽商企业上榜（见表29）。

表29 2019年广东制造业企业500强中的徽商企业

序号	企业名称	排名
1	正威国际集团有限公司	2
2	美的集团股份有限公司	5
3	比亚迪股份有限公司	7
4	深圳迈瑞生物医疗电子股份有限公司	42
5	广东科达洁能股份有限公司	86
6	广东长盈精密技术有限公司	99
7	易事特集团股份有限公司	107
8	深圳歌力思服饰股份有限公司	200

2020年1月7日，中国农业产业化龙头企业协会联合农民日报社、南方农村报社，以“培育农产品加工业大集团　打造乡村产业振兴新引擎”为主题，从经营规模、科技创新与品牌建设、社会贡献、增长态势4个方面综合评审出2019年全国农产品加工业100强企业，3家徽商企业上榜（见表30）。

表30　2019年中国农产品加工业100强中的徽商企业

序号	企业名称	排名
1	安徽丰原集团有限公司	36
2	洽洽食品股份有限公司	70
3	三只松鼠股份有限公司	93

二、徽商制造与专精特新

专精特新中小企业是指具有“专业化、精品化、特色化、创新化”发展特征的中小企业。专业化就是专注细分市场，专注核心业务；精品化就是坚持品质至上，注重提高供给体系质量；特色化就是采用独特工艺、技术、配方或原料，研制特色产品；创新化就是注重运用新技术，打造新业态，创立新模式。

在安徽，专精特新企业已成为创新转型发展的“主力军”“排头兵”。截至2019年底，74%（1 937户）的安徽省专精特新企业是高新技术企业，占全省高新技术企业总量的30%；拥有159个“中国驰名商标”，占全省总量的50%；安徽省专精特新企业打造安徽工业精品417个，占全省总量的68%；708户安徽省专精特新中小企业在各类股权交易市场上市（挂牌）融资。

为了促进专精特新企业发展，安徽出台了《进一步发挥专精特新排头兵作用　促进中小企业高质量发展的实施意见》，在多个层面给予专精特新成长性企业发展便利。

奖补。对省认定的成长型小微企业、专精特新企业和专精特新冠军企业，每户分别给予一次性奖补50万元、50万元、80万元。对国家认定的专精特新“小巨人”、制造业单项冠军企业，每户分别给予一次性奖补100万元。

融资。实施“千家百亿”融资计划，将专精特新企业纳入“千名行长进万企”活动进行对接，力争每年为1 000家专精特新企业提供贷款融资100亿元；省财政统筹安排资金，对融资担保机构开展的省专精特新企业信用担保贷款业务给予保费补贴。从2020年起，每年从原安徽省中小企业（专精特新）发展基金财政出资中安排50%规模，用于重点投资专精特新等优质中小企业。

培育。首次提出培育“四个一百”冠军企业：培育100家左右专注“四基”领域、补强产业基础和产业链短板的专精特新冠军企业，培育100家左右拥有行业标准话语权和品牌影响力的专精特新冠军企业，培育100家左右掌握独门绝技、占据独特市场地位的专精特新冠军企业，培育100家左右具有鲜明新技术、新业态、新模式特征的专精特新冠军企业，为我省中小企业指明了发展方向。

共享。鼓励大型企业与专精特新企业共享资源，围绕创新链、产业链、供应链打造大中小企业协同发展的创新网络，推动专精特新企业研发设计、协同办公、供应链管理等信息化应用系统“登云”。

用地。对因增资扩产需要新增建设用地的专精特新企业，给予安排用地指标。

职称、人才。对企业专业技术人员职称申报开辟绿色通道，职称评审可不受论文等资格限制，做到应评尽评。鼓励企业引进发达国家工程师和专业技术人员，各地可给予一定资助。

2019年5月22日，国家工信部下达了第一批共248家专精特新“小巨人”企业名单。艾可蓝、埃夫特等19家安徽企业入选（见表31），占认定总数的7.7%，居全国第一。专精特新“小巨人”企业是指专注于细分市场、创新能力强、市场占有率高、掌握关键核心技术、质量效益优的排头兵企业。我国计划利用3年时间，培育600家左右专精特新“小巨人”企业。与其他长三角区域省份相比，安徽入选国家专精特新“小巨人”名单的企业数量分别较江苏、上海、浙江多1户、2户和5户；与中部6省相比，安徽入选的企业数量是湖南、湖北两省的总和，是江西的2倍、河南的4倍、山西的10倍。安徽正在努力打造一批创新能力强、特色突出、在国内细分市场占有优势地位的行业“配套专家”“单打冠军”和“行业小巨人”，不断推动全省中小企业高质量发展。

表31　19家徽商企业入选第一批国家专精特新“小巨人”名单

序号	企业名称	主导产品
1	安徽艾可蓝环保股份有限公司	发动机尾气后处理产品
2	埃夫特智能装备股份有限公司	工业机器人
3	安徽省恒泰动力科技有限公司	内燃机活塞
4	安徽捷讯广电技术有限公司	色选机
5	安徽安泽电工股份有限公司	安泽系列电采暖
6	天长缸盖有限公司	内燃机气缸盖
7	安徽雪郎生物科技股份有限公司	C4二羧酸
8	安徽圣奥化学科技有限公司	防老剂6PPD、RT培司
9	安徽翰联色纺股份有限公司	人棉色纺针织纱
10	安徽红爱实业股份有限公司	羽绒服

续 表

序号	企业名称	主导产品
11	合肥荣事达电子电器集团有限公司	智能家居
12	古麒羽绒股份公司	功能性羽绒
13	安徽科宝生物工程有限公司	胆固醇
14	合肥燕庄食用油有限责任公司	燕庄芝麻油
15	安徽三宝棉纺针织投资有限公司	玉米纤维家纺
16	黄山精工凹印制版有限公司	凹印版辊
17	宿州市东人木业有限公司	实木复合地板
18	安庆市汇通汽车部件有限公司	推力杆总成
19	安徽银河皮革有限公司	功能性生态皮革

三、2019世界制造业大会

2019年9月20日，2019世界制造业大会在合肥隆重开幕。2019世界制造业大会是经国务院批准，由工信部、科技部、商务部等主办的大会，大会以“创新创业创造　迈向制造业新时代——携手全球中小企业　共创智能制造业高质量发展新未来”为主题，突出“国家级”“世界性”“制造业”三大特色，打造高质量发展促进平台、高端化开放合作平台、高层次专业交流平台。大会设置序厅展区、国际制造展区、长三角一体化展区、智能制造展区、高端制造展区、服务型制造展区、绿色制造展区、数字经济展区、商品交易展区、户外无人驾驶汽车体验区十大展区。本次制造业大会共有60多个国家的企业及代表参会，与会嘉宾5 000余人。

大会开幕式上，国务委员王勇宣读了习近平主席致2019世界制造业大会的贺信。习主席指出，当前，全球制造业正经历深刻变革，各国需要加强合作、互学互鉴，共同把握新一轮科技和产业革命机遇，增强制造业技术创新能力，推动制造业质量变革、效率变革、动力变革。习主席强调，中国高度重视制造业发展，坚持创新驱动发展战略，把推动制造业高质量发展作为构建现代化经济体系的重要一环。中方愿同各方一道，推动制造业新技术蓬勃发展，为促进全球制造业高质量发展、实现共享共赢作出积极贡献。在国务委员王勇宣布2019世界制造业大会开幕后，中共安徽省委书记、省人大常委会主任李锦斌，伊拉克总理阿布杜勒马赫迪，英国商业、能源和产业战略部政务次官纳齐姆·扎哈维，联合国工业发展组织执行干事法图·艾达拉，奥地利前总统海因茨·菲舍尔，西雅特集团总裁卢卡·德·梅奥，联想集团董事长兼首席执行官杨元庆分别登台发表演讲。

大会举办了“六百”对接活动，即央企、民企、外企、港澳企、台企和侨企各100家参加对接活动，一批产业链长、发展潜力大、带动力强、具有龙头效应的高质量制造业项目现场签约。

四、2019世界制造业大会创新产品金奖与成长之星

2019年9月20日，2019世界制造业大会开幕式暨主旨论坛上正式发布了2019世界制造业大会创新产品金奖获奖名单（见表32）、2019世界制造业大会企业成长之星获奖名单（见表33）。在2019世界制造业大会创新产品金奖名单中，安徽省外企业产品

8个，占16%；安徽省内企业产品42个，占84%。在2019世界制造业大会企业成长之星名单中，国际企业3家，占6%；安徽省外企业29家，占58%；安徽省内企业18家，占36%。创新产品金奖评分标准主要包含技术创新性、功能实用性、市场竞争力、设计新颖性、绿色环保、可持续发展等指标；企业成长之星评分标准主要包括经营成长、创新成长、管理规范和社会信誉四个维度18个指标。

表32　2019世界制造业大会创新产品金奖获奖名单

类别	企业名称	获奖产品名称
智能装备类(10个)	中国电子科技集团公司第三十八研究所	超级针X射线成像系统
	黄山富田精工制造有限公司	婴儿拉拉裤智能化成套装备
	马钢(集团)控股有限公司	中国标准动车组“复兴号”车轮
	合肥美亚光电技术股份有限公司	中大视野三维数字化口腔CBCT
	合肥超科电子有限公司	双轨式钢轨超声波探伤仪
	阳光电源股份有限公司	SG33CX光伏逆变器
	安徽应流集团霍山铸造有限公司	华龙一号反应堆冷却剂主泵泵壳部件
	安徽皖仪科技股份有限公司	LC3600超高效液相色谱仪
	安徽蓝盾光电子股份有限公司	LGJ-01型微脉冲气溶胶激光雷达
	安徽延达智能科技有限公司	煤矿井下巡检机器人
智能终端类(10个)	华为技术有限公司	华为鲲鹏920处理器
	长鑫存储技术有限公司	8GB DDR4 DRAM存储芯片
	京东方科技集团股份有限公司	75英寸8K超高清液晶显示面板
	安徽华米信息科技有限公司	Amazfit米动健康手表

续 表

类别	企业名称	获奖产品名称
智能终端类（10个）	凯盛光伏材料有限公司	铜铟镓硒（CIGS）薄膜太阳能电池组件
	合肥中科类脑智能技术有限公司	YJ-BITA Station1.0中科类脑智能计算一体机
	安徽咪鼠科技有限公司	咪鼠智能麦克风
	华东光电集成器件研究所	EMCCD微光探测器
	合肥速显微电子科技有限公司	智能汽车液晶仪表芯片及系统
	安徽雄品智能科技有限公司	电话记录智能写作机
绿色节能类（10个）	陕西鼓风机（集团）有限公司	高炉鼓风机煤气余热余压透平发电同轴系的高炉能量回收装置（BPRT）
	安徽丰原生物材料股份有限公司	聚乳酸大提花产品四件套
	安徽安泽电工有限公司	安泽380V/10KV电蓄能供热装置
	通威太阳能（合肥）有限公司	单晶PERC叠瓦组件
	TCL实业控股股份有限公司	XQM85-9005BYS免污式洗衣机
	中国扬子集团滁州扬子空调器有限公司	KFR-LFG-A1零风感空调
	安徽安利材料科技股份有限公司	生态功能性聚氨酯合成革
	天能电池集团（安徽）有限公司	6-DZF-22.3“真黑金”电池
	安徽科达洁能股份有限公司	模块化梯级回热式清洁燃煤气化系统
	科希曼电器有限公司	DKFDB-36II复叠热泵
智慧生活类（10个）	科大讯飞股份有限公司	讯飞翻译机3.0
	中兴通讯股份有限公司	中兴天机Axon10 pro5G
	安徽开润股份有限公司	90分智能跟随旅行箱

续　表

类别	企业名称	获奖产品名称
智慧生活类(10个)	博西华家用电器有限公司	KA92NP49TI西门子云食管家冰箱
	安徽宇航派蒙健康科技股份有限公司	PMA石墨烯智能发热腰带(双面发热版)
	合肥德铭电子有限公司	一体化机器人腔镜中心
	安徽硕金医疗设备有限公司	磁共振引导微创治疗系统
	合肥杜威智能科技股份有限公司	甲醛检测机器人-云控猫
	安徽邵氏华艾生物医疗电子科技有限公司	纳米刀肿瘤消融系统
	安徽西玛科电器有限公司	JJZY-SC1-06E1智能环保灶
智慧服务和方案类(10个)	哈工大机器人集团股份有限公司	工业机器人云诊断开放平台
	金蝶软件(中国)有限公司	金蝶云·星空
	安徽海螺集团有限责任公司	水泥生产全流程智能制造系统解决方案
	科大智能科技股份有限公司	基于5G协作机器人的智能工厂生产自组织系统解决方案
	安徽华茂纺织股份有限公司	新型纺纱智能化改造解决方案
	安徽文香信息技术有限公司	第三代纳米智慧黑板
	安徽红爱实业股份有限公司	红爱服装智能工厂解决方案
	飞友科技有限公司	基于5G的智慧机场协同决策系统
	安徽省司尔特肥业股份有限公司	“五库联动”大数据融合创新驱动肥料定制生产和精准农业服务解决方案
	安徽讯呼信息科技有限公司	讯呼AR全息智能展示屏

表33　2019世界制造业大会企业成长之星获奖名单

序号	企业名称
1	芬兰博拉斯曼机器人有限公司
2	赫拉环境保护技术有限公司
3	奥地利泰利莱工业集团
4	中天引控科技股份有限公司
5	浙江欣兴工具有限公司
6	百融云创科技股份有限公司
7	深圳壹账通智能科技有限公司
8	绵阳开元磁性材料有限公司
9	天津卓朗科技发展有限公司
10	金永和精工制造股份有限公司
11	易瓦特科技股份公司
12	南京新立讯科技股份有限公司
13	广东远光电缆实业有限公司
14	红宝丽集团股份有限公司
15	西安特锐德智能充电科技有限公司
16	酒泉奥凯种子机械股份有限公司
17	南通星球石墨设备有限公司
18	浙江科惠医疗器械股份有限公司
19	上海凯利泰医疗科技股份有限公司
20	苏州东山精密制造股份有限公司
21	济宁安泰矿山设备制造有限公司
22	四川昊阳铁路安全监测有限公司

续 表

序号	企业名称
23	石家庄市油漆厂
24	上海慧程工程技术服务有限公司
25	杭州申昊科技股份有限公司
26	浙江朝隆纺织机械股份有限公司
27	景德镇明兴航空锻压有限公司
28	神驰机电股份有限公司
29	科润智能控制股份有限公司
30	美利达自行车(中国)有限公司
31	迈得医疗工业设备股份有限公司
32	天津瑞普生物技术股份有限公司
33	溜溜果园集团股份有限公司
34	安徽开润股份有限公司
35	安徽宾泽电工股份有限公司
36	铜陵精达特种电磁线股份有限公司
37	安徽艾可蓝环保股份有限公司
38	阳光电源股份有限公司
39	安徽铜冠铜箔有限公司
40	安徽雪郎生物科技股份有限公司
41	芜湖三花自控元器件有限公司
42	安徽博一流体传动股份有限公司
43	安徽中鼎密封件股份有限公司
44	埃夫特智能装备股份有限公司

续 表

序号	企业名称
45	安徽华米信息科技有限公司
46	安庆市汇通汽车部件有限公司
47	安徽耐科装备科技股份有限公司
48	昊方机电股份有限公司
49	黄山富田精工制造有限公司
50	蚌埠中建材信息显示材料有限公司

五、安徽制造"芯屏器合"

在全国，每3台冰箱、每4台洗衣机、每5台空调就有一台是安徽制造；在全球，10%的笔记本电脑、20%的智能手机液晶屏、30%的平板电脑显示屏也是安徽制造。近年来，智能家电、电子信息、新能源汽车、工业机器人、人工智能等新兴产业在江淮大地蓬勃发展、方兴未艾，一大批先进制造业企业在江淮大地上茁壮成长，走向全国，影响世界。

在"芯"方面，打造集成电路产业生态，加快"海峡两岸集成电路产业合作试验区"、国家"芯火"双创基地建设，全省单体投资规模最大的长鑫存储芯片项目一期成功投产，集聚集成电路"研发设计、晶圆制造、封装测试"产业链企业300余家，合肥"中国IC之都"初具规模。

在"屏"方面，京东方10.5代线实现满产，视涯硅基OLED微显示项目顺利投产，维信诺全柔OLED六代线项目顺利封顶，新型显示完成“从砂子到整机”全产业链布局。

在“器”方面，智能终端产业规模不断壮大。2019年，安徽全省生产微型计算机2 000多万台、彩电近2 000万台，分别居全国前列，全年推广应用工业机器人5 000多台、新能源汽车约12万辆，智能手环出货量全球领先。

在“合”方面，“长三角工业互联网一体化示范区”正式获批，全省首个区域二级节点落户铜陵，3个信息消费项目、7个智慧健康养老项目、8个“互联网+”制造项目、13个制造业“双创”平台项目入围国家试点示范，“皖企登云”企业达5 100家。

六、多家徽商制造领军全国或全球

徽商在量子信息、新型显示、智能语音、机器人等产业走在中国乃至世界前列。如全球首颗量子通信卫星“墨子号”、“高分五号”测量卫星、全球首台量子计算机、全球首条量子保密通信网络“京沪干线”、世界首条10.5代线、0.12毫米世界最薄触控玻璃在皖投产，这些不仅有力地推动了安徽高质量发展，也必将引领未来、造福世界。

徽商企业东莞市富印胶粘科技有限公司，是中国第一家引进泡棉胶带生产线的厂家，现已打造成为中国胶粘带行业专业、创新的现代化生产企业，是中国胶粘带行业最具影响力的领航企业之一。

徽商企业奇瑞汽车股份有限公司，在巴西投资奇瑞巴西工业园，这是第一家中国汽车海外工业园。

徽商企业宇培供应链管理集团有限公司正在全球建成58个冷

链园区，面积达158万平方米，形成中国最大、覆盖全球、国际领先的冷链供应链S2B生态服务云平台，实现冷链全产业链赋能。

徽商企业合肥恒大江海泵业股份有限公司在潜水电机电泵及其自动化智能控制方面不断突破技术创新，取得了显著成绩，在高压潜水电泵有着多年的设计、制造、现场运行经验，产品能够满足各类矿井排水以及城市高喷景观需求。从全国高喷景观市场来看，恒大江海是最先将高压潜水泵应用于高喷景观领域的企业。2002年，合肥天鹅湖喷泉高度达168米；2006年，广东揭阳高喷实测喷泉高度192米；2019年，南阳市高铁站站前广场的喷泉全部启动，中心主水柱的喷泉高度达230米，其高度为亚洲之最。这些都是恒大江海的高压潜水泵的实际应用效果。

徽商企业深圳市普联技术有限公司成为世界路由器销售第一的大品牌，打败了永居宝座的美国思科，成为行业老大，公司董事长、徽商赵建军成为当之无愧的“中国路由器大王”。

徽商企业雅迪科技集团有限公司成为全球两轮电动车领军企业，拥有天津、江苏、浙江、广东、重庆、安徽、越南七大生产基地及一家工业设计技术中心，是两轮电动车领域中的第一品牌。

徽商企业联宝（合肥）电子科技有限公司是联想集团全球最大的PC研发和制造基地，也是安徽省最大的进出口企业。

徽商企业安徽华米信息科技有限公司智能设备出货量已突破一亿台，位居全球前列；安徽海螺水泥股份有限公司已经是世界上最大的单一品牌水泥制造商；奇瑞汽车股份有限公司乘用车出口量连续15年居中国第一；铜陵有色金属集团股份有限公司铜加工产量居中国第一。

徽商产业

产业指一个经济体中，有效运用资金与劳力从事生产经济物品（包括服务）的各种行业。本书中的徽商产业是指省内外徽商主要从事的行业。其实，徽商的产业分布面非常广泛，几乎各行各业中都有徽商的身影。

一、安徽有国家火炬产业基地19家

国家火炬产业基地包括国家火炬计划软件产业基地和国家火炬特色产业基地。

国家火炬计划软件产业基地（以下简称软件产业基地）是科技部依托地方政府、各级科技管理部门和国家高新技术产业开发区，集中地区软件产业优势、集成地方资源和高新区的政策优势，营造局部优化环境而建设的软件产业集聚区。经过20多年的发展，软件产业基地不断创新前行，从最初在国家高新区中建立软件园的“园中园”模式逐渐向“一园多区”模式转变，实现了以软件产业为特色的“软件”园区向以IT应用创新为特色的“专业化”园区转变，已成为引领我国软件科技创新和产业化发展的重要旗帜和主力军。新形势下，软件产业基地将秉承创新理念，努力打造推动大众创业、万众创新的新型孵化平台，不断提升能力，拓展渠道，汇聚资源，为推动我国科技创新和经济社会可持续发展做出更大的贡献。

国家火炬特色产业基地（以下简称特色产业基地）是指在一定地域范围内，针对国家鼓励发展的细分产业领域，通过政府组织引导、各方优势资源汇聚、营造良好创新创业环境，形成的具有区域特色和产业特色、对当地经济和社会发展具有显著支撑和带动作用的产业集聚区。经过20多年的建设和发展，特色产业基地已经成为区域特别是县域培育和推动特色产业发展的重要载体，高新技术产业规模化、特色化和集群化发展的重要产业集聚地，区域经济持续发展的重要力量，地方科技部门直接服务区域经济发展的重要抓手和平台。新形势下，特色产业基地将认真贯彻党中央、国务院关于创新驱动、大众创业、万众创新和“中国制造2025”的战略部署，认真落实《国务院办公厅关于县域创新驱动发展的若干意见》等文件的有关要求，积极推动特色产业基地建设和提升，为区域特别是县域加快产业转型升级、推动经济高质量发展做出更大贡献。

截至2020年3月31日，安徽共有国家火炬产业基地19家（见表34）。

表34 安徽国家火炬产业基地

序号	企业名称
1	铜陵电子材料产业基地
2	合肥软件产业基地

续 表

序号	企业名称
3	无为特种电缆产业基地
4	芜湖节能环保汽车及零部件产业基地
5	安庆汽车零部件产业基地
6	亳州中药特色产业基地
7	滁州家电设计与制造特色产业基地
8	蚌埠精细化工特色产业基地
9	合肥公共安全信息技术产业基地
10	黄山软包装新材料特色产业基地
11	宁国橡塑密封件特色产业基地
12	博望剪折机床及刃模具特色产业基地
13	濉溪县经济开发区铝基复合材料特色产业基地
14	滁州天长仪器仪表特色产业基地
15	池州高端数控机床特色产业基地
16	淮北杜集高端矿山装备基地
17	太和医药高端制剂特色产业基地
18	阜阳界首高新区粮食机械特色产业基地
19	马鞍山当涂生物医药特色产业基地

二、徽商产业布局

（一）养老产业中的徽商企业

随着我国进入老龄化社会，健康养老问题已经成为广大人民群众和社会各界关注的焦点。根据全国老龄工作委员会办公室的统计数字，我国正经历全球历史上规模最大、速度最快的人口老龄化进程。如在安徽，60周岁以上老年人已超1 000万，按照人均消费水平测算，养老产业市场规模超1 000亿元，预计到2030年，这一数字将突破3 000亿元。安徽拥有众多的名山名湖，风光秀丽，自然资源丰富，安徽黄山、宣城、池州、六安、安庆、亳州等地区都具有天然的养老与康养优势，养老产业对安徽来说更是潜力巨大。养老产业中有许多知名徽商，他们经营的养老项目有医养结合、互助养老、社区养老、智慧养老、居家养老、机构养老等。

1.世沣集团。上海世沣国际集团有限公司（简称“世沣集团”）成立于2009年10月，是一家集养老、医疗、食品于一体的现代化企业集团。旗下世沣养老产业管理有限公司是一家专注于养老项目投资、运营管理的服务团队。自2008年，世沣养老以民营养老机构的身份进入中国养老事业，此后10年深耕细作，初心未改，凝聚了世沣人艰苦奋斗孜孜以求的精神，凝聚了众多老人的渴望和期许。目前，公司投资项目涉及医养结合、社区养老、居家养老、机构养老等，力争成为客户信赖的养老服务专家和合作伙伴，打造国内养老健康产业管理集团。旗下拥有世纪养老院、笑口常开为老服务中心、康源养老院、宝龙养老院、五角场街道敬老院、世沣尊长园（河南郑州）、友谊养老中心（河南信阳）等场所。公司创办人郑霄为安徽阜阳人。

2. 恒实集团。上海恒实投资集团有限公司（简称“恒实集团”）成立于2004年，现以养老产业、环保能源、金融投资为其主要的经营领域。恒实集团的养老产业分为重资产和轻资产两大方向。重资产方向是投资开发大型养老社区。目前，集团正在按照“世界领先、国内一流、上海著名”的标准，开发上海临港地区一个占地800亩，建筑面积达到87万平方米的高端养老社区。目标是要打造中国第一的健康养老社区，并在全国复制。轻资产方向是投资与运营高端连锁养老机构。集团通过与日本元气村集团合资成立恒裕养老服务（上海）有限公司，将日本的养老服务与国内养老市场进行整合与对接，并结合国内养老产业的发展趋势，提供国际一流水准的居家养老、社区养老以及机构养老服务。公司董事长聂建明为安徽安庆人。

3. 海南第一投资集团。海南第一投资控股集团有限公司（简称“海南第一投资集团”）创立于1988年，以医疗、养老、金融投资为主业，倾力打造医疗康复产业集群，提供肿瘤、抗衰老等专科诊疗服务，并涉足医药器械经营、互联网医疗、康复疗养服务、健康管理、医院建设管理咨询及医疗物业管理服务。该集团在海口、定安及陵水等市县倾力打造了多个大型养老地产项目，并以保护环境、节能降耗为己任。该集团目前在售的南洋国际、颐养公社·阳光城以及在建的颐养公社·丽湖时光、丽湖养生风情小镇等项目，均按国家绿色建筑2星级以上标准打造。其中，颐养公社·阳光城、颐养公社·丽湖时光是集高端居家养老、康复、养生等功能于一体的热带海岛型养老示范项目，它们与其他养老地产项目共同构筑起海南第一投资集团健康养老事业的产业版图，并力争打造全国首个医养结合示范基地。公司董事长蒋会成是海南省工商联（总商会）副主席、海南省安徽商会会长。

4. 天悦湾温泉幸福小镇。天悦湾温泉幸福小镇位于安徽岳西县，是国家AAAA级旅游景区、中国健康细胞工程建设试验基地、中国老龄产业协会老年宜居养生重点示范基地。目前已形成文化旅游、中医养生、旅居养老、文体健身和心性教育等五位一体的养生养老体系和业态布局，拥有天悦湾温泉公园、慧可居温泉酒店群、天悦湾中医养生馆、天悦湾体育馆、温泉水上乐园、温泉游泳馆、游客中心等一批重大康养服务设施，可容纳近千人同时入住和就餐。天悦湾温泉幸福小镇由安徽盛世天源国际养生文化发展有限公司董事长张杰在家乡投资创办。

5. 中铁·佰和佰樂国际健康部落。中铁·佰和佰樂国际健康部落位于巢湖半岛，是安徽首个健康养老产业示范项目，国内首家CCFC（电子取证）可持续照料家庭社区，项目分为综合性养老机构和健康养老社区两个板块。综合性养老机构板块，含全科医院、老年护理中心、活动中心、康疗养生中心、常青学堂及其他老年餐饮、商业、娱乐配套，实现真正意义上的医养合一，丰富老人晚年生活。健康养老社区板块，含多层养老公寓、花园洋房、合院别墅等适老化产品。从全护理到全自理，充分满足广大养老群体所需，并打造家庭周末农场及花海公园，构筑养老度假休闲的完美生活蓝图。

6. 静安投资集团。安徽静安投资集团有限公司（简称“静安投资集团”）创建于2001年，致力于敬老扶幼公益活动，积极投身公益事业。该公司现已成为一家集健康医疗、养老服务、国际贸易、金融服务、城市公共服务、房地产开发、物业管理、建筑建材等多元化投资的企业集团。静安集团提出“居家养老、社区养老、机构养老”和“家政服务、医养服务、颐养服务”两个三位一体的服务理念，体现了“三代同邻+在地颐养+医养结合”的发展思路和投资规划。现已开发淮北·观澜郡项目，启动高速静安·春晖里项目，规划马鞍山濮塘颐然三大健康养老产业园，并在养老地产等细分市场领域做出新的业绩，成为安徽健康养老产业的领头羊。

7. 振亚健康养老。三胞集团有限公司增资控股的安徽振亚健康养老投资有限公司（简称“振亚健康养老”），进一步扩张机构养老的版图，拥有床位数过万张，推动三胞集团成为“医养融合”专业机构养老行业的领头羊。三胞集团近年来涉足养老产业，布局居家养老、社区养老、机构养老全产业链。在居家养老业务上，旗下安康通已经覆盖超过1 000万的老年用户。振亚健康养老是安徽省“医养融合”模式的开创者和践行者，在合肥市拥有多家养老与护理机构。

8. 紫荆花怡养小镇。紫荆花怡养小镇位于六安市裕安区，是安徽紫荆花养老服务股份有限公司于2014年投资兴建的，集生态养老、温泉度假、文旅研学、高新农业为一体的综合服务型特色小镇，占地3.79平方千米，总投资20亿元。紫荆花怡养小镇以“瓜片田园综合体+健康产业+文旅休闲”为核心内容，打造国家级特色小镇，主要建设内容为“一核”“两廊”“三大功能片区”。紫荆花怡养小镇拥有国际先进的服务标准，适老化的建筑设计，集智慧化、科技化、智能化、人性化为一体的一站式秘书式服务，让现代老龄化人群真正体会到“老有所尊、老有所养、老有所医、老有所为、老有所乐”。

9. 黄山互助公社。黄山互助公社是国内首家互助式养老基地，位于黄山北大门的耿城镇，又毗邻素有“长寿古村”之称的落沟村，社区内碧波荡漾，绿水环绕。黄山互助公社的综合服务楼有5 000多平方米的建筑面积，主要提供一些日常休闲活动场地和建设小区的配套设施，包括医疗中心、食堂、活动中心、文化学校等。借助相对比较完善的养老服务业健康体系建设，老人可以充分享受到想要的生活体验。

10. 烛光妈妈。烛光妈妈是安徽八千里科技发展股份有限公司旗下的一个重要品牌。安徽八千里科技发展股份有限公司成立于2016年，专注于智慧健康养老整体解决方案的开发、实施。作为“国家级智慧健康养老应用试点示范企业”和国家重点研发计划“主动健康与老龄化科技化应对”项目的参与单位，公司致力于将先进的信息化技术与医疗健康服务相结合，并将研发成果应用到智慧健康养老领域。公司现已成熟开发应用的产品有智慧（健康）养老调度指挥平台、三级智慧（健康）养老指导服务中心整体建设及运营方案、智慧健康个体化服务包等三大类15个产品。公司自主开发的产品先后获得发明专利10余项，各类软件著作权近40项，是国内唯一一家可以提供智慧（健康）养老整体解决方案的企业。为了解决新时代养老问题，公司将以“创新、成长、厚德、共赢”的企业价值观为指引，依托于“烛光妈妈”项目的产业集群效应，携手合作伙伴构建全球领先的健康养老服务生态圈，引领中国智慧健康养老产业的发展。

（二）教育产业中的徽商企业

伴随国家教育的改革，一批徽商投资教育领域，无论是“K12”（主要是学前教育至高中教育的缩写，现在普遍被用来代指基础教育），还是高职院校教育等方面都不乏徽商的身影。

1.伟才教育。广东伟才教育科技股份有限公司（简称“伟才教育”）成立于2001年。伟才教育致力于打造幼教资源整合平台，以直营合作幼儿园开办、幼儿园加盟为主导业务，囊括了幼教行业里的幼儿园场地竞投标、土地征购、场地提供、幼儿园证件办理、幼儿园开办、管理及运营培训、幼教装备产品、幼儿园信息化平台打造、网络推广一体化托管、幼儿园装修设计、品牌运营推广等全方位服务及管理。伟才教育历经20年的发展，获得无数荣誉，拥有多项商标及著作权知识产权，“伟才”商标更被认定为“广东省著名商标”。目前，伟才教育已与中信地产、碧桂园集团、恒大集团、科达集团、正大集团、富力地产、雅居乐地产、中海地产、苏宁置业、华润置地等近300家地产公司及多地政府达成合作关系。数百家伟才教育品牌幼儿园遍布全国30多个省（自治区、直辖市），在中国大陆地区每天服务的0~6岁婴幼儿超过180 000名，辐射家庭超过540 000户，“伟才”品牌用户已过亿。伟才教育董事长罗骇浪为安徽六安人。

2.金色摇篮教育。北京金色摇篮教育科技有限公司（简称“金色摇篮教育”）成立于1995年，以潜能发展心理学为理论依托，以婴幼园为实践基地，致力于实现群体普通儿童的理想发展，逐步建立起0~12岁可持续发展教育体系。金色摇篮教育聚焦儿童成长管理，专注潜能开发，培养资优儿童，为家庭育儿和教育机构提供专业的指导服务和系统支持，助力产业升级。金色摇篮教育拥有直营园20家，合作园527家。金色摇篮教育创始人程跃是安徽休宁人。

3.启航教育。北京京师启航教育咨询有限公司（简称“启航教育”）是一家致力于教育培训的机构，专注深耕辅导模式、社群学习平台、在线课程平台建设及实体加盟培训等业务。公司自成立以来，以其雄厚师资、权威资料、专业服务、先进技术和高通过率保证了培训辅导的高质量。启航教育拥有优秀的辅导团队和强大的师资队伍，每年发布师资辅导课程，拥有众多加盟分校。公司办学布局以北京为总部，辐射福州、厦门、长春、昆明、太原、郑州、广州、合肥、石家庄、成都等地区。公司致力于推进教育公平，把优质的教育资源通过各种途径传播出去，让有需要的学员轻松享受优质教育资源。公司秉承“承载梦想，启航未来”的办学理念，树立了其在业界的品牌地位。启航教育总裁冯海涛为安徽宿州人。

4.京师中教集团。北京京师中教集团有限公司（简称“京师中教集团”）是安徽上市企业皖新传媒发起单位之一，淮南第二大商业银行——通商银行的主要股东。在安徽芜湖县，京师中教集团投资8 000万建设京师高中，投资3 000万建设森林幼儿园，投资8 000万建设非营利性小学、初中；打造的珩琅山玫瑰谷项目总规划面积3平方千米，拟投资5亿元，计划5~10年建设完成。在四川德阳，京师中教集团建设了占地800亩、建筑面积14万平方米的四川轨道学院。在安徽蚌埠，京师中教集团与蚌埠市人民政府合资共建蚌埠城市轨道交通学院，项目已签约。至此，京师中教集团形成了一条从幼儿园至高等学府完整的高素质人才培养链。京师中教集团董事长吕向东为安徽淮南人。

5.新华教育集团。安徽新华教育集团有限公司（简称“新华教育集团”），1988年创建于安徽合肥，目前在内地29个省份及香港特别行政区开办了168所院校，学校总建筑面积达187万平方米，常年在校生12万余人，拥有员工1万余人。在职业教育方面，成功打造了新华电脑教育（新华互联网科技）、新东方烹饪教育、万通汽车教育、华信智原、欧米奇西点西餐教育、美味学院六大职教品牌，办学成果赢得了社会各界的充分肯定，先后获得“品牌中国金谱奖——中国教育行业年度十佳品牌”“改革开放30年中国民办教育成功典范”和“改革开放30年中国十大品牌教育集团”等多项殊荣。30多年来，新华教育集团为社会源源不断地输送了适应经济社会发展的各类实用型、复合型人才，在农村富余劳动力转移、下岗职工再就业培训、促进地方经济发展等方面做出了积极的贡献。新华教育集团成功开创的直营连锁职业教育形式，对推动我国职业教育行业的发展起到了重要作用，成为中国职业教育发展模式的典范。目前，新华教育集团在现有的安徽新华学院基础上收购了南京财经大学红山学院。

6.长安开元教育。安徽长安开元教育科技有限公司（简称“长安开元教育”）隶属于安徽长安开元投资集团，下设华南烹饪学校、南宁优美西点学校、南宁百美汇学校、广州百美汇学校、广州优美西点学校、长沙优美西点学校、西安优美西点学校、郑州优美西点学校、重庆优美西点学校、南昌优美西点学校10所学校。公司累计投资近亿元，打造出优美的校园环境，积累了雄厚的师资力量，探索总结出先进的教学理念和方法。公司始终坚持以技能培训为人才强校主线，强化学生职业素养和职业技能的人才培养“双翼”，培养实用型、复合型的高级技师，服务地方经济建设。同时，高度重视就业工作，始终狠抓就业这个输出终端，成立就业指导中心，建立起全国就业网络，为学员全程开展就业指导、就业推荐和跟踪等服务。公司下设的学校常年在校学生6 000多人，已累计培训输出各类优秀专业人才10多万人。多年来，公司先后被评为“全国职业培训机构先进单位”“全国创业之星”“首届中国教育行业十佳品牌金奖”“全区职业教育先进单位”，并在多个专项赛事上斩获殊荣，获得了良好的社会知名度和美誉度。

7. 新谱华教育。北京新谱华教育科技集团有限公司（简称“新谱华教育”）是由付彦军等人在北京联合创办的，旗下现有北京新学道临川学校、洛阳新学道高级中学、江西上饶康桥中学、山东滨州苍龙湖学校、北京东方红学校，以及“老师走起”“家长走起”“中国学习与发展大会”“全国翻转课堂大会”等产品及系列活动。公司创办至今，始终以发展基础教育为己任，创造良好教育氛围，安心做教育，全心为学生；不断推进个性化、信息化、精细化和国际化办学理念，实践效果颇佳，受到了全国同行的高度认可。公司创办人付彦军是北京安徽企业商会副会长。

8. 皖红幼教。安徽皖红幼教有限公司（简称“皖红幼教”）成立于2005年，在安徽省拥有21所高端幼儿园，旗下幼儿园、文化艺术中心及早教中心分布于合肥、巢湖、马鞍山、蚌埠、安庆、池州、淮南、滁州、铜陵等城市。集团现有200多个教学班，在园幼儿人数近5 000名，教职工600余名。皖红幼教的幼师均为大专以上学历，其中大专学历占80%，本科学历占20%，超过60%的教师教龄达到5年以上，是一支充满激情、充满活力、充满爱心的强大幼教精英队伍。

9.贝乐集团。安徽贝乐教育投资集团有限公司（简称“贝乐集团”），是一家涉足0~12岁孩子健康快乐成长的全程呵护机构。集团目前的业务版块包含幼儿园教育、学前教育咨询、儿童素质教育（职业体验、课程培训、研学游）、托育（早教、日托）等。经过10多年的发展，集团拥有10所高端幼儿园，以及“宝贝地球村”“地球村梦想大学”“宝贝地球村走世界”“贝乐家”“一米早教”等项目，成为一个教育、培训、游乐兼具的教育机构。

10.乐思塾教育。安徽乐思塾教育科技有限公司（简称“乐思塾教育”）是全国连锁的品牌教育机构，定位做亲子成长第三空间，旨在为亲子搭建一站式成长教育综合体。公司秉承“让孩子更健康、更快乐、更懂事”的教育理念，创建学校、家庭、社区三位一体的教育模式，以中华优秀传统文化为根基，把中华优秀传统文化和校外实践活动贯穿到日常教学中，培养孩子良好的生活和学习习惯。通过塑造好家长、培养好孩子、打造好家庭，最终实现亲子共同成长、践行求知、尚和共处。

当然，还有一些徽商在教育领域做得也非常有特色，如安徽新尹教育科技股份有限公司专注美术培训，徽商贺学根等人联合投资创办了喀什特区实验学校、固镇县谷阳中学等。

（三）投资产业中的徽商企业

在投资领域也不乏知名的徽商。

1.阎焱与赛富投资。赛富亚洲投资基金管理公司（简称“赛富投资”）是一家为亚太地区的高成长性企业提供资金支持的私募股权公司，在中国和印度分别设有办公室。公司目前管理着总规模近60亿人民币及40亿美元的投资基金。公司的投资领域主要涵盖消费类的产品及服务、科技行业、传媒业、通信行业、金融服务、医疗、旅游业及制造业。赛富投资主要在中国和印度进行项目投资，在中国和印度拥有多名专业投资人士，与受资企业建立了长期密切的合作关系。赛富投资帮助受资企业拓展其业务，充分发挥受资企业之间的协同效应，为受资企业引入先进的管理程序，使股东利益得到最大化。公司知名的投资项目有58同城、盛大网络、怡亚通等。阎焱，赛富投资首席合伙人，1957年生于安徽安庆，入选“2019年中国最具影响力的30位投资人”榜单。

2. 史正富与同华投资。上海同华投资（集团）有限公司（简称“同华投资”）以“企业家打造产业龙头的战略伙伴，投资者实现资本增值的可靠依托，同华人成就自我价值的有效平台”为宗旨，一步步发展成为自有资本实力最强和投资业绩最佳的本土投资公司之一。“基于价值发现的价值共创”是同华投资运用自身实践经验，丰富与发展国际主流的价值发现理论，从而提炼出的同华核心投资理念。围绕这一理念，公司又逐步形成了“寻找行业龙头、坚持择优合作、专注战略参与、共创长期价值”这一相应的投资策略。公司践行这一理念与策略，不但创造了优秀的投资业绩，而且积淀形成了独特的企业文化，为公司未来持续发展奠定了坚实基础。同华投资知名的投资项目有奇瑞汽车、古井集团、华菱星马汽车、南大光电等。史正富，安徽来安人，上海同华投资（集团）有限公司董事长，复旦大学中国研究院学术委员会主席，被誉为中国最富有的学者。

3. 吕向阳与融捷集团。融捷投资控股集团有限公司（简称“融捷集团”），总部位于中国广州，创办于1995年。经过25年的高速发展，融捷集团已成为一家集实业、资本运营和服务业于一体的多元化大型集团公司。融捷集团所投资企业的市值、资产规模、年营业收入均超过2 000亿元人民币，员工逾25万人，产业基地面积达550万平方米，分支机构70多家，涉及新能源材料、柔性显示、智慧教育、健康与生命科技、微电子、金融投资等多个产业和领域，分支机构和项目遍布广东、北京、安徽、四川、湖北、海南、江西等多个省市。知名投资案例有比亚迪股份、安华农业保险、路翔股份、桑乐金股份、华讯方舟等。吕向阳，安徽无为人，融捷投资控股集团有限公司董事长，被为“中国巴菲特”“中国新能源产业之父”。

4. 夏阳与银瑞投资。广东银瑞投资管理集团有限公司（简称“银瑞投资”）是一家专业股权投资基金管理公司，其核心团队具有30多年投资管理经验，成功主持和参与过企业改制、上市发行、配股、增发、并购重组等40多个项目。集团凭借宽广独到的国际视野以及丰富强大的社会渠道资源，取得了优异的投资业绩，不仅在国内股权投资领域打造了数家上市企业，在泰国、马来西亚、澳大利亚等国均有投资，并于2014年开始重点布局新西兰市场。知名投资项目有劲胜智能、安得利股份、中国安徽（巢湖）进口食品产业园、新西兰AFC集团等。夏阳，安徽巢湖人，银瑞投资董事长，广东省安徽商会第二届理事会轮值会长。

5. 张维与基石资本。基石资产管理股份有限公司（简称“基石资本”）是一家底蕴深厚的股权投资管理机构，发端于2001年，是中国最早的私募股权投资机构之一。公司总部位于深圳，在北京、上海、香港、合肥设有分部。目前，基石资本已累计管理天使、VC、PE、并购、定向增发、私募证券等类型的投资基金80余只，累计资产管理规模逾500亿元，在全国位居行业前列。基石资本秉持“集中投资、重点服务”的投资理念，在科技技术、医疗健康、文化娱乐、消费服务等领域，培育和造就了一批行业领袖与细分行业龙头，并获得了持续、稳健、优异的回报。知名投资案例有商汤科技、华闻传媒、华中数控等。张维，安徽人，曾荣获“中国创业投资家10强”“中国最佳创业投资人”“杰出创业投资家”等荣誉。

当然，在投资领域还有不少徽商及徽商企业，如何邦喜与民银国际投资有限公司、王慧与中源投资管理有限公司、陈继武与上海凯石投资管理有限公司等。徽商领域中的投资精英正在不断发挥资本优势，弘扬徽商精神，续写徽商辉煌。

（四）民营银行中的徽商企业

民营银行作为多元经济体系下的产物，是现代金融机构的重要组成部分。截至2019年底，全国共有19家民营银行开业或已经获批，其定位以及成立的初衷就是为了解决中小微企业融资难、融资贵的问题，更好地服务实体经济。民营银行现已成为民营资本涉入银行业最集中的体现。在民营银行中，徽商的身影也较多。

1. 民生银行。中国民生银行股份有限公司（简称“民生银行”）是中国第一家主要由民营企业发起设立的全国性股份制商业银行，成立于1996年1月12日。主要大股东包括新希望六和投资有限公司、东方集团股份有限公司、中国泛海控股集团有限公司、中国船东互保协会、安邦人寿保险股份有限公司、上海健特生命科技有限公司等。其中上海健特生命科技有限公司董事长史玉柱已晋升为民生银行第四大股东。

2. 新安银行。安徽新安银行股份有限公司（简称“新安银行”）注册资本20亿元，发起人为安徽省4家民营企业：安徽省南翔贸易（集团）有限公司、安徽金彩牛实业集团有限公司、合肥华泰集团股份有限公司、安徽中辰投资控股有限公司。作为安徽省首家民营银行，新安银行以“普惠繁荣，创新发展”为愿景，确立了“服务中小企业、支持科技创新、践行普惠金融”的发展战略，争做区域金融改革的践行者。

3. 苏宁银行。江苏苏宁银行股份有限公司（简称“苏宁银行”）成立于2016年12月16日。2017年6月16日，苏宁银行开业暨普惠金融合作签约仪式在南京举行，系全国第一家O2O银行。苏宁银行注册资本40亿元人民币，其中，主发起人苏宁易购集团股份有限公司和日出东方太阳能股份有限公司分别持股30%和23.6%，苏宁银行主打“互联网银行”定位。

4. 安徽各县市农商行。安徽各县市农商行的股东名单中基本都有当地知名徽商的身影。

（五）休闲零食产业中的徽商

在休闲零食产业中有三只松鼠、洽洽食品、良品铺子、好想你、盐津铺子、来伊份六大休闲零食品牌，它们均为上市企业，其中三只松鼠、洽洽食品两家徽商企业独领风骚，三只松鼠营业收入最高，销售额过百亿，洽洽食品利润最高，超6亿元。

三只松鼠股份有限公司（简称“三只松鼠”）成立于2012年

2月16日，总部位于芜湖，并于南京成立研发与创新中心。经过8年潜心耕耘，公司现已发展成为拥有4 000余名正式员工，年销售额破百亿元的上市公司（股票代码：300783），正加速向数字化供应链平台企业转型。自2014年起，公司依托品牌、产品、物流及服务优势，连续5年位列天猫商城“零食/坚果/特产”类目成交额第一，并先后被新华社和《人民日报》誉为新时代的“改革名片”“下一个国货领头羊”，上市当天获誉“国民零食第一股”。2019年“双十一”，公司以10.49亿元销售额刷新中国食品行业交易记录，被《华尔街日报》、路透社、彭博社等外媒称为“美国公司遭遇的强劲对手”“中国品牌崛起的典范”。

洽洽食品股份有限公司（简称“洽洽食品”）是一家主营传统炒货、坚果，集自主研发、规模生产、市场营销为一体的现代休闲食品企业。公司坚持以“创造优质产品，传播快乐味道”为使命，经过近20年的潜心经营，产品线日趋丰富，生产运营管理体系逐步完善，产品知名度和美誉度不断提升，经济效益和社会效益逐年增长。

溜溜果园集团股份有限公司是致力于青梅科研、种植、加工、营销于一体的现代化集团企业，是中国梅全产业链领军企业。集团总部位于安徽芜湖，旗下拥有安徽、福建、广西三大生产制造基地。溜溜果园集团股份有限公司是农业产业化国家重点龙头企业，并荣膺中国轻工业百强企业、国家级绿色工厂。

安徽本土企业中还有安徽真心食品有限公司、芜湖市傻子瓜子有限总公司、安徽白根柱食品科技有限公司等，在休闲食品领域，徽商企业独领风骚。

三、徽商中的独角兽企业

所谓独角兽企业，简单定义就是估值在10亿美元以上的初创企业，也有投资机构将“初创”一词定义为成立不到10年。独角兽企业被视为新经济发展的一个重要风向标，在高科技领域和互联网领域尤为活跃。目前，关于独角兽企业的榜单主要有中国人民大学中国民营企业研究中心与北京隐形独角兽信息科技院（BIHU）联合发布《2019全球独角兽企业500强发展报告》、艾媒咨询发布《2020中国独角兽榜单TOP100》、胡润研究院发布的《2019胡润全球独角兽榜》等，各类榜单中不乏一些徽商企业，徽商十大独角兽企业如下。

（一）华云数据

无锡华云数据技术服务有限公司（简称“华云数据”）连续两年（2018、2019）入围中国互联网百强企业，专注为企业级用户提供应用创新的云计算服务，以帮助用户使用云计算服务提升IT能力，实现业务变革。2016年至2019年，华云数据连续4年被评为中国云计算独角兽企业，并于2019年晋升为中国云服务企业领域独角兽企业第三名。2019年6月，华云数据被*APAC CIO Outlook*杂志正式列为亚太区十大云计算服务提供商。公司创始人许广彬，安徽凤台人。

（二）旷视科技

北京旷视科技有限公司（简称“旷视科技”）是一家行业领

先的人工智能公司，在深度学习方面拥有核心竞争力。旷视科技向客户提供包括先进算法、平台软件、应用软件及内嵌人工智能功能的物联网设备的全栈式解决方案，并在多个行业取得领先地位。2017年和2019年，旷视科技跻身《麻省理工科技评论》发布的“50大最聪明公司”榜单。公司创始人印奇，安徽芜湖人。

（三）车好多

车好多集团（简称“车好多”）是中国领军的汽车消费服务一站式平台，旗下拥有瓜子二手车、毛豆新车、瓜子养车、车速拍四大主力品牌，以及瓜子金融、车好多保险、瓜子租车三大协同业务，为用户提供新车、二手车交易服务、汽车金融、售后保障、汽车维修保养等全产业链服务，一站式满足用户汽车全生命周期的所有需求。基于大数据与人工智能技术，车好多构建了围绕汽车消费服务产业的AI生态，致力于通过技术推动产业升级，提升产业效率与用户体验，满足中国消费者日益增长的汽车消费服务需求，让每个家庭都拥有更好的车。截至目前，车好多业务遍布全国200多个城市，累计获得发展资金38亿美元，居国内汽车消费服务平台之首。杨涌浩，车好多集团董事长，安徽合肥人。

（四）驴妈妈

驴妈妈旅游网（简称“驴妈妈”）创立于2008年，是中国知名综合性旅游网站、白领喜爱的旅游品牌、自助游领军品牌、中国景区门票在线预订模式的开创者，提供景区门票、度假酒店、周边游、定制游、国内游、出境游、大交通等预订服务。在景区门票、周边游等品类处于行业领先地位。入选“2018年中国互联网百强企业”，其母公司上海景域驴妈妈集团有限公司连续7年进入“中国旅游集团20强”。根据中国旅游电子门票研究中心的《中国旅游电子门票2018年度研究报告》，驴妈妈APP客户端累计下载量超7亿，合作伙伴超5万家，覆盖景区1万多家，其中AAAAA景区超过90%。根据2017年、2018年易观智库《中国在线周边自助游市场专题研究报告》，驴妈妈在线周边自助游领域市场份额居行业前列。驴妈妈已形成了深度布局全国、稳健迈向国际、线上线下相结合的“新零售”产业布局，依托景域驴妈妈集团的产业链优势，驴妈妈致力于让游客“自由而有尊严地行走”，要成为“游客心中的第一”。洪清华，驴妈妈董事长，安徽宿松人。

（五）云从科技

云从科技集团股份有限公司（简称“云从科技”）孵化自中国科学院重庆研究院，公司受托参与了人工智能国标、行标制定，并成为第一个同时承担国家发改委人工智能基础平台、应用平台，工信部芯片平台等国家重大项目建设任务的人工智能科技企业。云从科技致力于为客户提供个性化、场景化、行业化的智能服务。运用先进的三级研发架构，云从科技取得3项重大技术突破：国内首发“3D结构光人脸识别技术”，打破了苹果Face ID技术垄断；首次商用跨镜追踪（ReID）技术，纪录保持至今；人体3D重建技术取得重大突破，并将准确率大幅提升30%。云从科技业务涵盖金融、安防、民航、零售等领域，通过行业领先的人工智能、认知计算与大数据技术形成的整合解决方案，已服务

400家银行14.7万网点、31个省级行政区公安、80余家机场，实现银行日均比对2.16亿次、公安战果超3万起、机场日均服务旅客200万人次。

姚志强，云从科技联合创始人，安徽淮北人。2015年和周曦等校友联合创办以“人脸识别”为核心技术入口的云从科技。

（六）苏宁体育

江苏苏宁体育产业有限公司（简称“苏宁体育”）是苏宁控股集团有限公司旗下六大产业集团之一，拥有江苏苏宁足球俱乐部、江苏苏宁女子足球俱乐部和国际米兰足球俱乐部（70%股权）等体育产业。2018年7月19日，苏宁体育宣布完成A轮融资，该轮融资规模约6亿美元，估值过百亿人民币。2020年1月9日，苏宁体育在《2019胡润中国500强民营企业》中排名第315。

（七）苏宁金融

苏宁金融是中国金融O2O领先者，囊括苏宁金服公司、苏宁银行、苏宁消费金融公司三大主体。基于苏宁全场景、全产业、全客群的商业生态，苏宁金融坚持“金融科技+场景金融=普惠金融”的经营逻辑和发展模式，聚焦供应链金融、微商金融、消费金融、支付、财富管理和金融科技输出“5+1”核心业务，通过完整金融服务链条，赋能苏宁产业生态圈，为广大消费者和中小微企业提供优质的“全场景更普惠”综合化金融服务。作为新一代独角兽企业，苏宁金融坚持创新金融科技，深耕大数据风控、区块链、物联网、金融AI、金融云、生物特征识别六大核心技术，多项技术行业领先，成为中国人民银行首批16家金融科技试点单位之一。截至2019年，苏宁金融交易规模连续3年超万亿元，累计激活会员超9 000万，总资产过千亿元。

（八）易酒批

北京易酒批电子商务有限公司（简称“易酒批”，又称“易久批”）于2014年9月在北京成立，并于2015年10月正式变更为一家中外合资企业。易久批作为中国快速消费品产业互联网平台，始终秉持“通过数字化改造、提升快消产业效率”的企业使命。目前，易久批已获得贝塔斯曼（BAI）、源码资本、景林资产、光源资本、美团、腾讯、美国华平投资等约33亿元融资。截至2019年3月，易久批自营已覆盖全国26个省份，130个城市，员工超6 000人。王朝成，易久批创始人，安徽无为人。

（九）森亿智能

上海森亿医疗科技有限公司（简称“森亿智能”）成立于2016年4月，作为中国医疗人工智能行业的创新引领者，是国家健康医疗大数据产业国家队——中电数据的AI技术核心供应商，高新技术企业。森亿智能以医学自然语言处理、机器学习、数据挖掘等核心技术为驱动引擎，对海量医疗数据进行深度治理、转化分析和研究，为各级医疗机构、科研院校、政府部门、制药企业等提供专业、安全、高效的医疗大数据整体解决方案。2016年10月，森亿智能完成了天使轮融资，凭借强大的技术优势以及在行业中迅速建立的标杆地位，森亿智能收获诸多著名投资机构、医疗产业巨头的青睐和多轮注资，融资额超过3亿元人民币。除此之外，森亿智能还为国家健康医疗大数据重点项目提供全面的数据整合、治理、挖掘等技术支持。

张少典，安徽马鞍山人，上海市“浦江人才”入选者，2017年福布斯亚洲30位30岁以下杰出青年代表人物。张少典于2016年5月回国创立森亿智能，专注于发展医学文本的人工智能分析与挖掘技术。

（十）正奇金融

正奇金融控股股份有限公司（简称“正奇金融”）成立于2012年10月，由联想控股股份有限公司在安徽省合肥市全资设立，现由联想控股股份有限公司控股，注册资本33.23亿元，是一家专注于为中小企业提供融资服务以及从事创新金融业务的金融控股公司。目前，公司下设九大业务单元：融资担保、小额贷款、典当、权益类投资、融资租赁、商业保理、资本市场业务、资产管理、供应链管理。2016年12月，正奇金融成功引入两家战略投资者——厦门金海峡投资有限公司与宁波梅山保税港道鑫辰骏投资合伙企业（有限合伙），融资8.01亿元。截至2019年底，公司管理资产规模超200亿元。俞能宏，正奇金融董事长，安徽肥西人。

徽商与长三角

明代中期以后，长三角区域的经济文化开始兴起。而徽商恰恰是这一地区人数最多、资本最大、最为活跃的商帮，徽商在长三角区域的发展中发挥着重要作用。徽商是长三角区域经济发展的加速机，徽商的活动催生了一大批市镇的兴起，促进了一批城市的繁荣；徽商是长三角区域文化繁荣的催化剂，推动了学术进步，促进了文化传播，繁荣了艺术事业；徽商是长三角区域社会变迁的助推器，举凡这一地区社会观念的改变、社会风气的变化、商业精神的传承等等，徽商作用甚为显著。

特别是自2018年长三角一体化上升为国家战略以来，徽商与长三角关联更加紧密。2019年公布的《长江三角洲区域一体化发展规划纲要》，确立了长三角“一极三区一高地”的总定位，明确了安徽“两地一区”的分定位，即“发挥安徽创新活跃强劲、制造特色鲜明、生态资源良好、内陆腹地广阔等优势，推进皖江城市带联动发展，加快合芜蚌自主创新示范区建设，打造具有重要影响力的科技创新策源地、新兴产业聚集地和绿色发展样板区”。

一、安徽与长三角一体化

2019年5月22日，第一届长三角一体化发展高层论坛在安徽芜湖拉开帷幕，论坛主题为“共筑强劲活跃增长极”。2019年，安徽紧扣“一体化”和“高质量”两个关键，在六大方面拓展延伸，长三角一体化合作成果丰硕。

（一）“一圈五区”建设成效初显

合肥都市圈发展能级和质量进一步提升。合肥都市圈扩容升级，蚌埠整体加入；安徽省委、省政府审定颁发了《合淮产业走廊发展规划（2018—2025年）》《合六经济走廊发展规划（2020—2025年）》；合肥、杭州签订战略合作框架协议，共建“合杭梦想小镇”“智慧城市”和产业园区；滁州、马鞍山分别与南京签署共同落实长三角一体化发展战略合作框架协议，共建跨界一体化发展示范区。

合芜蚌自主创新示范区科创产业融合发展进一步深化。创新要素加快集聚，建立了北航合肥创新研究院、通航产业技术研究院、军民融合研究院等产学研协同创新平台；产业创新持续推进，蚌埠玻璃工业设计研究院0.12毫米世界最薄的电子触控玻璃成功下线，应流集团的航空发动机使用单晶叶片，奇瑞控股集团有限公司无人驾驶智能汽车投入实验；科技金融发展壮大，打造股权投资基金集聚区，引进各类金融机构100多家，中介服务机构60余家，构建金融基金产业生态系统。

皖江城市带承接产业转移示范区建设进一步提质。水清岸绿产业优的美丽长江（安徽）经济带全面实施，进一步明确了江北、江南产业集中区改革创新和高质量发展的思路举措；黄金水道作用发挥显著，芜湖港与上海国际港务（集团）股份有限公司携手打造安徽至上海洋山港的重要喂给港；多领域多主体合作进一步丰富，芜湖积极推进长三角G60科创走廊芜湖产业创新中心建设，宣城与杭州合作共建宣城新塘羽绒产业园，铜陵深化与阿里云计算有限公司在智慧工业大数据方面的产学研合作，池州与上海市静安区就养老一体化合作达成初步共识，安庆市经济技术开发区与上海市嘉定区安亭镇签署战略合作框架协议。

皖北承接产业转移集聚区建设进一步加快。编制皖北承接产业转移集聚区建设实施方案，提出“6+2+N”空间布局构想；开展集聚区建设支持政策研究，积极对接国家发改委，争取国家出台支持建设政策措施；淮北分别与上海市嘉定区、普陀区达成战略合作意向，亳州加快推进上海九间堂亳州中医药科技健康园等一批项目，宿州与徐州签署合作共建园区框架协议，蚌埠与江苏恒润国际集团有限公司合作推进长三角区域现代冷链物流及食品精深加工中心建设项目，阜阳与上海市徐汇区建立全面战略合作关系，淮南积极推进云谷大数据产业园等项目建设。

皖西大别山革命老区建设进一步加强。大别山革命老区对外联通通道启动建设；生态环境质量明显改善，实施造林绿化37.85万亩，治理水土流失面积300平方千米；公共服务水平持续提高，新建、改扩建公办幼儿园项目57个，六安市顺利实现长三角异地门诊就医直接结算，完成1 544人易地扶贫搬迁。

皖南国际文化旅游示范区建设水平进一步跃升。黄山、杭州两地战略合作全面深化，签署“1+9”合作协议，谋划建设杭黄绿色产业带，在公共服务、旅游合作、产业发展、区域交通等方面展开全方位合作。

（二）科技创新能力持续增强

推动上海张江综合性国家科学中心、合肥综合性国家科学中心共同发展。大力推动合肥综合性国家科学中心建设，涌现出全球首颗量子通信卫星“墨子号”、全球首条量子保密通信网络、世界最薄0.12毫米电子触控玻璃等一批“安徽原创”“安徽首创”的重大成果。

积极创建量子信息科学国家实验室，启动建设合肥综合性国家科学中心能源研究院、人工智能研究院。支持中国科学技术大学等共建未来网络试验设施，开通南京、合肥、杭州等12个城市节点的光传输网络。

加快协同创新网络体系建设，开通长三角科技资源共享服务平台，整合区域内2 420家法人单位的3.1万台（套）大型科学仪器设施，总价值超过360亿元。成功举办安徽创新馆开馆暨安徽科技创新成果转化交易会，打造具有全国重要影响力的科技大市场。

（三）产业合作发展不断深化

在第二届世界制造业大会期间，安徽与沪苏浙共同设立长三角一体化展区，签约长三角合作项目149个，投资额达1 018亿元，同时成立了长三角绿色农产品生产加工供应联盟。

进一步完善长三角一体化发展产业转移承接合作机制。G60科创走廊新能源产业联盟、新能源和网联汽车产业联盟、通航产业联盟分别在宣城、合肥、芜湖成立。2019年6月24日，2019长三角G60科创走廊联席会议在芜湖市召开。

全国首个跨省5G视频通话在上海、杭州、苏州、合肥四城实现互联，苏州、滁州签署《中新苏滁高新技术产业开发区合作框架协议》。

（四）重大基础设施项目加快实施

2019年，商合杭高铁合肥以北段建成通车，安徽成为全国第二个“市市通高铁”的省份；黄山至千岛湖高速公路开工建设，合宁高速改扩建安徽段正式通车；17条省际待贯通路段推进顺利，涉及我省5条，3条已建成，1条开工建设，1条计划2020年启动建设。

高速公路省界收费站全部撤除；安徽民航机场集团有限公司与上海机场（集团）有限公司开展战略合作，合肥国际航空货运集散中心建设进展顺利；安徽省港航集团有限公司与舟山市政府、浙江省海港投资运营集团有限公司签订合作协议，加强江海联运，共同推进长三角港航一体化。

提升能源保障水平，淮南—南京—上海1 000千伏特高压交流输电工程苏通GIL综合管廊建成投运；5G建设及示范应用取得突破，合肥新桥国际机场建成国内首个5G机场。

（五）区域生态环境质量切实改善

大气污染防治协作持续推进，发布了《长三角区域大气和水污染防治协作2019年工作重点》，启动实施长三角一体化发展生态保护重点工程安徽推进行动，规划建设合肥骆岗中央公园。皖浙两省签署共建新安江—千岛湖生态补偿试验区合作意向书；沪苏浙皖联合制定《长三角地区跨界突发环境事件应急联动工作方案》和《长三角区域环境保护标准协调统一工作备忘录》，组建长三角区域生态环境协作专家委员会。

（六）公共服务便利共享稳步推进

医疗养老领域。试点开展社会保险服务“一网通办”，安徽16个地级市与沪苏浙各市实现医保“一卡通”，覆盖了三省一市医疗机构4 700余家；三省一市民政部门在上海召开会议，确定江苏苏州市、南通市，浙江嘉兴市、湖州市，安徽芜湖市、池州市以及上海的11个区作为区域养老一体化的首批试点；2019年11月19日，2019长三角民政论坛在合肥开幕，三省一市签订《深化长三角区域养老合作与发展·合肥备忘录》。

教育领域。复旦大学、上海交通大学、南京大学、浙江大学、中国科学技术大学共同发起成立长三角研究型大学联盟；2019年12月18日，第十一届长三角教育一体化发展会议在合肥召开，会上，上海、江苏、浙江和安徽一市三省教育行政部门负责人共同签署了《长三角教育一体化发展近期工作要点（2019—2020年）》。

文化旅游领域。建立并实体化运作长三角文化和旅游一体化战略联盟，共同开发“名城名镇名湖名山名村名园名馆”（简称“七名”）国际精品旅游线路。2019年11月21日，三省一市文化旅游部门联合在合肥举办长三角区域“七名”国际精品线路暨主题专项旅游产品发布会，推出“七名”国际精品环线1条、“三名”（即名山、名村、名湖）区域中短程线路4条、“七名”系列推荐目的地70个。

信用领域。建设“信用长三角”网站，推动长三角重点领域信用信息共享；积极创建长三角国家社会信用体系建设区域合作示范区；举办以“信用赋能——助力长三角高质量一体化建设”为主题的首届长三角信用论坛，三省一市信用（行业）协会签署了长三角地区信用（行业）协会一体化建设合作备忘录。

市场领域。三省一市共同签署落实《长三角地区市场体系一体化建设合作备忘录》和《长三角地区共同开展“满意消费长三角”行动实施方案（2019—2022年）》，市场主体基础数据库基本建成；长三角“一网通办”正式开通，安徽16个地级市与沪苏浙实现51个政务服务事项跨省（市）通办。

二、苏浙沪皖企业对比分析

2019年11月20日，2019年长三角三省一市百强企业榜正式公布，该榜单以2018年企业营业收入为入围标准，由长三角三省一市企业联合会共同发布。数据显示，长三角百强企业2018年的营业收入合计14.4万亿元，资产总额32.7万亿元，净利润5 721.7亿元，成为长三角经济高质量发展的重要引擎。按上榜企业数量计，浙江最多，达到36家；上海次之，27家；江苏第三，26家；安徽第四，11家。按上榜企业营业收入总量计，上海最高，51 962.8亿元；浙江次之，43 076.0亿元；江苏第三，38 585.1亿元；安徽第四，10 004.1亿元。其中，11家安徽企业跻身榜单（见表35）。

表35　2019年长三角三省一市百强企业中的安徽企业

序号	企业名称	排名
1	安徽海螺集团有限责任公司	17
2	铜陵有色金属集团控股有限公司	18
3	马钢(集团)控股有限公司	54
4	联宝(合肥)电子科技有限公司	65
5	中铁四局集团有限公司	71
6	全威(铜陵)铜业科技有限公司	73
7	美的集团芜湖公司	75
8	奇瑞控股集团有限公司	78
9	淮北矿业(集团)有限责任公司	86
10	安徽江淮汽车集团控股有限公司	99
11	合肥百货大楼集团股份有限公司	100

根据2019年发布的中国民营企业排行榜，苏浙沪皖民营企业百强对比见表36所示。

表36　2019年中国民营企业排行榜中的苏浙沪皖民营企业百强对比

省(市)	千亿级企业数量/家	超500亿企业数量/家	百亿级企业数量/家	入榜门槛/亿元
江苏	11	21	100	161.99
浙江	9	21	100	109.67
上海	2	5	32	18.5
安徽	0	1	18	30.96

根据2019年发布的中国企业500强榜单，苏浙沪皖企业500强对比见表37所示。

表37 2019年中国企业500强榜单中的苏浙沪皖企业对比

省(市)	世界企业500强/家	中国企业500强/家	中国民营企业500强/家
江苏	3	49	83
浙江	5	43	92
上海	7	31	15
安徽	2	10	2

根据2019年发布的中国制造业企业500强榜单，苏浙沪皖制造业企业对比见表38所示。

表38 2019中国制造业企业500强榜单中的苏浙沪皖制造业企业对比

省(市)	中国制造业企业500强/家	中国民营企业制造企业500强/家
江苏	56	86
浙江	81	94
上海	16	6
安徽	15	13

截至2019年底，苏浙沪皖A股上市企业数量见表39所示。

表39 2019年底苏浙沪皖A股上市企业数量

省(市)	A股上市企业数量/家
江苏	428
浙江	457
上海	299
安徽	105

三、苏浙沪皖都市圈经济

截至2019年底，苏浙沪皖已形成了几大都市圈，这些都市圈在经济发展中起到了引领作用，都市圈成员之间资源整合，分工合作，实现一体化共同发展。

1. 上海大都市圈。上海大都市圈由上海和苏州、无锡、常州、南通、宁波、嘉兴、舟山、湖州9座城市构成，形成“1+8”的格局，构建开放协调的空间格局，发挥空间规划的引领作用，加强在功能、交通、环境等方面的衔接，促进区域空间协同和一体化发展。

2. 南京都市圈。南京都市圈所辖城市包括南京、镇江、扬州、淮安，常州的金坛、溧阳，安徽的马鞍山、滁州、芜湖、宣城，共同打造“创新都市圈”“畅达都市圈”“绿色都市圈”“开放都市圈”“幸福都市圈”。

3. 杭州都市圈。杭州都市圈主要由6座城市组成，杭州、湖州、嘉兴、绍兴、衢州、黄山，共同打造“互联互通交通圈”“创新活力人才圈”“产业协同数字圈”“魅力四射文化圈”“绿色美丽生态圈”“开放包容市场圈”“品质生活同城圈”。

4. 合肥都市圈。合肥都市圈由合肥、芜湖、蚌埠、淮南、滁州、六安、马鞍山、桐城8座城市组成，核心围绕工业、生态环境保护、交通基础设施等领域签订合作框架协议，结成更加紧密的命运共同体，共同推动合肥都市圈向更高水平、更深层次、更广领域开拓发展。

在长三角地区，还有苏锡常都市圈、宁波都市圈、徐州都市圈等。在长三角一体化背景下，安徽多个城市正在积极融入核心都市圈，加快发展步伐，承接产业转移。如宣城正在积极融入杭州都市圈，蚌埠积极融入南京都市圈，萧县等地正在积极融入徐州都市圈。

徽商文化

徽商文化是古老的徽州大地上留下的宝贵的物质和精神财富，与徽商的辉煌发展密不可分。截至2019年底，全国多地成立了徽商文化研究会、徽商学院、徽商讲堂等组织和机构，如黄山市徽商文化研究会、杭州市徽州学研究会、安徽省徽学学会、深圳市徽文化研究会、海南省徽文化研究会、安徽江南徽商研究院、常州市安徽商会徽商学院、华夏徽商商学院、河南省安徽商会商学院、嘉兴市安徽商会“新徽商大讲堂”等。

一、2019年主要徽商文化活动

2019年，纪录片《天下徽商》的上映、首届徽学学术大会的举行、商业发展与长三角一体化学术研讨会的召开、“徽商智库”系列活动、海峡两岸（安徽）青年徽文化交流月活动等各类徽商文化活动，都助推了徽商文化的传承与传播。

1.首届徽学学术大会。2019年6月18日，由光明日报社和安徽省委宣传部联合指导，安徽大学主办，安徽日报报业集团、安徽师范大学、黄山市委市政府协办的首届徽学学术大会在安徽省合肥市开幕。中国社会科学院副院长、中国历史研究院院长高翔出席会议并讲话，安徽省委常委、宣传部部长虞爱华致辞，光明日报社副总编辑张碧涌讲话。

高翔在讲话中指出，21世纪，徽学必将走向世界。展望徽学研究的未来，要坚持用科学的方法论研究徽学；坚持关注重大问题，特别是基础性理论问题，为揭示中国历史道路提供学理支撑；坚持以史经世，为解决当今重大理论和实践问题提供思想和智慧支持；推动多学科融合发展，擅于从多维度、多侧面、多层次观察问题，推动徽学走向新的更高的学术境界。徽学研究是一项宏伟的系统工程，需要开阔的胸怀和宏大的视野，需要中外学者的共同努力。期望徽学研究在未来的进程中实现基础资料整理工作的更进一步，把提炼徽文化基本价值、增强徽文化时代性、推进徽文化走向世界作为徽州文化研究的三个新的生长点。

虞爱华强调，徽学涵盖经、史、哲、医、科、艺等诸多领域，博大精深、自成体系、异彩纷呈，是建设美好安徽的宝贵文化资源，也是中国走向世界的难得文化品牌。“在光明日报社的大力支持下，我们举办首届徽学学术大会，这是贯彻落实习近平总书记推动中华优秀传统文化‘两创’的再动员，也是百年徽学继往开来再出发。”虞爱华说，习近平总书记指出，中华优秀传统文化是中华民族的精神命脉，是涵养社会主义核心价值观的重要源泉，也是我们在世界文化激荡中站稳脚跟的坚实根基。

张碧涌指出，徽州和徽州所诞生的徽学不仅是海内外学术界可资利用的无穷宝藏，也是对当下安徽乃至全国文化繁荣和经济社会发展具有重要借鉴意义的丰富资源。希望通过本次会议的探讨，打响徽文化品牌，把徽学在更高层面上推向世界。打响徽文化品牌，要注重提升文化原创力，注重发扬开放、包容、创新、合作的精神以及注重创新表达方式、拓宽传播路径。他建议，安徽要把原创力贯穿于文化建设与文化生产全过程，筑造文化高地，同时要有效借助高新科技手段和新型传播渠道，把徽文化的故事讲给世界，提升其国际影响力。

大会以“新时代·新徽学”为主题，共邀请到国内外徽学研究领域的知名专家学者300多位，与会代表的构成广泛全面，参会人数也创徽学、徽文化研讨会议之最。清华大学出土文献研究与保护中心常务副主任、中国文字学学会会长黄德宽，中国科学院院士、中国科学技术大学校长包信和，安徽大学党委书记、安徽大学徽学与中国传统文化研究院院长李仁群，广东省社会科学院研究员叶显恩，中国社会科学院中国历史研究院古代史研究所研究员栾成显与安徽省徽学学会会长、安徽师范大学教授王世华分别作主旨报告，中山大学党委书记、中国史学会副会长陈春声作书面报告。在随后举办的四个分论坛和圆桌论坛上，与会专家学者就徽文化的传承、发掘徽文化的现实意义进行了观点碰撞。徽学学术大会将每年举办一次，逢单届在合肥市举办，逢双届在黄山市举办。

2.《天下徽商》上映。大型电视纪录片《天下徽商》于2019年上映，是2019年第二季度优秀国产纪录片之一。《天下徽商》共分9集，分别是《移民》《寄命于商》《扬州繁华以盐盛》《漂广东发洋财》《无徽不成镇》《金字招牌》《徽州女人》《远去的背影》《梦里徽州》，每集50分钟。该纪录片全景式地反映徽商、徽州和徽州文化，深挖徽文化内核，讲好安徽故事。该纪录片相继在中央电视台纪录频道、安徽卫视播出，腾讯、爱奇艺、优酷、哔哩哔哩、海豚视界等视频网站同步推出。该纪录片以国际化的语言和叙事方式，展现徽商中的典型人物、重大事件、具体故事和细节，还原历史上真实的徽商，在全球大背景下全面考察徽商的兴衰沉浮。

3.2019海峡两岸（安徽）青年徽文化交流月活动。2019海峡两岸（安徽）青年徽文化交流月活动于2019年7月11日在安徽省合肥市举行了启动仪式。本次交流活动由安徽省人民政府台湾事务办公室、安徽省教育厅主办，吸引了包括台湾师范大学、铭传大学、东海大学等30余所台湾高校，淡江中学等13所台湾中小学，以及安徽省9所高校，共500余名师生参加。一个月的时间内，来自两岸高校和中小学的500余名师生共同参加了徽文化夏令营、志愿者交流、建筑文化研修等活动。本次活动以文化为纽带，以青年为主力，安徽各地在一个月里陆续举办了“台湾青年学生徽文化夏令营”“台湾师生徽州建筑文化研修营”“皖台青年志愿者交流营”以及“台湾大学生皖企实习营”等14项活动，并有100余名安徽大学生赴台湾进行交流。

4．“新中国70年徽学研究”学术研讨会。2019年11月16日至17日，由安徽省徽学学会和黄山市委宣传部主办的“新中国70年徽学研究”学术研讨会在休宁县举行。来自中国社会科学院、安徽省委党史研究院、安徽省内高校及江西婺源等130多位专家学者参会。徽文化是古徽州区域物质文明和精神文明的总和，20世纪30年代起，中外学者开始对徽州文化进行研究，此后徽学研究不断迈向科学化、专业化。

此次会议围绕“新中国70年徽学研究”这一主题，开展了“新中国70年徽学研究回顾与展望”“徽州文化与当代旅游融合发展”“徽州文化与生态”“新安江源特色文化”等专题研讨。与会专家学者认为，新时代新起点进一步推动徽学研究，要以习近平总书记关于历史研究的重要论述为引领，不断提高徽学的研究水平和创新能力，深入挖掘徽学的时代价值，推动优秀传统文化与现代文化生活融通，扩大和提升徽文化的对外影响，为推进长三角区域更高质量一体化发展提供文化支撑。

5.“徽商智库”多场专题研讨会。2019年，安徽财经大学新徽商研究中心和安徽经济社报联合组建的“徽商智库”举行了三场主题活动。

2019年3月10日下午，“徽商智库”第三期专家沙龙活动暨肯德基徽文化主题餐厅方案研讨会在安徽经济报社三楼会议室举行。安徽财贸职业学院副院长罗虹、安徽餐饮行业协会常务副会长佘林明、安徽省茶业行业协会执行会长朱飞鸣、安徽经济报社社长马顺生、安徽财经大学新徽商研究中心副主任王唤明、安徽广电集团蓝海豚传媒有限公司董事长吴建平、安徽西门子代理商刘建河、安徽极致空间广告装饰公司总经理汪新松、安徽经济网总编栗亮、肯德基安徽公司公关事务部总监宁向尚及经理许勇等应邀参加了此次研讨会。研讨会由安徽经济网总编栗亮主持，会议第一部分主要是宁向尚总监围绕肯德基徽文化主题餐厅方案进行总汇报，餐厅设在合肥滨湖世纪金源，围绕徽文化进行装修设计，打造本土化的徽文化主题餐厅。与会专家纷纷围绕徽文化主体色调、徽文化核心元素、徽茶元素的融入、徽菜与徽文化主题餐厅的结合等多方面进行了研讨。

2019年7月20日下午，“徽商智库”第四期专家沙龙活动暨“徽商礼物”专家研讨会在安徽源泉徽文化民俗博物馆举行。安徽源泉徽文化民俗博物馆馆长宣繁秋、安徽经济报社社长马顺生、安徽财经大学新徽商研究中心副主任王唤明、合肥三河四子集团总经理孔令好、安徽西门子代理商刘建河、安徽省茶文化研究会秘书长高超君、“安徽旅游在线”网站总编辑杨少武等应邀参加了此次研讨会。此次研讨会由王唤明主持，与会嘉宾就“皖美”定制中心的徽商文化烟酒茶礼盒从产品定位、产品系列化、产品色调、包装风格、文创产品开发等角度进行了研讨。

2019年12月10日下午，“徽商智库”第五期专家沙龙活动在合肥大唐健康管理股份有限公司会议室举行。安徽大唐健康管理股份有限公司董事长汪根生、安徽省村社发展促进会执行会长聂苏、安徽经济报社社长马顺生、安徽省财经大学新徽商研究中心副主任王唤明、《研学安徽》栏目总监张喜明等参加了此次沙龙活动。本次沙龙活动的主题是“徽商文化研修与研学”，与会嘉宾围绕徽商文化研学目的地的遴选、徽商文化研学研修内容、徽商文化研学线路设计、徽商文化传承与创新等相关话题展开了探讨。王唤明主持了此次沙龙活动。

6. 中国（歙县）徽文化暨第三届徽州古城全国摄影大展。2019年，为彰显“千年古县”歙县的独特魅力，中国摄影杂志社和安徽省歙县人民政府联合举办了“2019遇见徽州——中国（歙县）徽文化暨第三届徽州古城全国摄影大展”，来自全国各地的摄影人参与了此次活动。

7．“徽山·徽水·徽文化”安徽省外国留学生文化修学活动。2019年4月21日，第十届“徽山·徽水·徽文化”安徽省外国留学生文化修学活动于池州市圆满结束，此次修学活动由安徽省外国留学生教育管理学会主办，安徽大学承办。在历时3天的活动中，来自省内9所高校的160余名外国留学生探访了池州市的杏花村、齐山、大愿文化园、九子岩、润思祁红老厂房等地。

8.第一届黄山发展大会。2019年7月13日上午，以“新时代新黄山”为主题的第一届黄山发展大会隆重举行。黄山市委书记任泽锋出席此次大会并致辞，市长孔晓宏主持大会，黄山市委常委、常务副市长刘孝华作投资发展推介。来自全国各地的黄山发展顾问，长三角区域合作办公室、杭州都市圈各成员市及有关方面的领导、嘉宾等600多人参会。

9.商业发展与长三角一体化学术研讨会。2019年11月30日至12月1日，由中国经济史学会、中国商业史学会商帮史专业委员会、安徽师范大学长三角一体化发展研究院、徽商发展研究院、《中国经济史研究》编辑部、《安徽师范大学学报》编辑部联合举办的“历史·现实·未来：商业发展与长三角一体化学术研讨会”在安徽师范大学隆重举行。来自中国社会科学院、北京大学、南开大学、复旦大学、厦门大学等全国20余所科研院所、高校的40余位专家学者参加了本次会议。安徽师范大学党委常委、纪委书记周新发参加了开幕式并致辞。本次研讨会得到了高校社会科学杂志社、安徽经济报社、安徽省老字号企业协会、安徽财经大学新徽商研究中心、芜湖徽商博物馆的支持。

10.高校引领徽商文化研究。为了进一步擦亮徽商品牌，安徽省委书记李锦斌多次提及徽商大会与新徽商精神，安徽省委宣传部理论处到多地开展新徽商精神调研。中国国际徽商大会、徽商论坛、国际徽商精英年会等活动都是徽商主流活动。在安徽，安徽大学、安徽师范大学、安徽财经大学的徽商与新徽商研究也助推了徽商品牌的繁荣与延续。

徽文化是中华传统文化的重要部分，由安徽大学牵头联合国内部分研究单位，共同组建了“徽文化传承与创新中心”，搭建了“徽文化基础研究中心”“徽州文化遗产保护与利用研究中心”“徽派建筑文化研究中心”“新安医学与文化研究中心”“徽文化产业开发研究中心”等五大平台。为了更好地弘扬徽文化，安徽大学在2019年主办了首届徽学学术大会，邀请世界各地的徽文化研究专家学者，一起来安徽交流，同时安徽大学龙河路校区也将建设徽文化博物馆，让人们更好地领略徽文化的魅力。

安徽财经大学新徽商研究中心于2014年成立，中心围绕徽商组织、徽商上市、徽商企业、徽商精英等方面进行重点研究，联合安徽经济报社、决策杂志社等单位或科研机构搭建了“徽商智库”、新徽商大讲堂、新徽商商学院、徽商企业案例库、徽商研习社（学生社团）五大平台，出版了《徽商发展报告2017》《徽商发展报告2019》《徽商文化》《新徽商导论》等著作，2018年、2019年连续两年主办了关于徽商老字号品牌的中国（安徽）大学生市场营销创新大赛。

安徽师范大学的徽学研究更是成果丰硕。30多年前，张海鹏先生组建徽商研究团队，并开创了徽学学科，30多年来，几代人在徽学学科领域薪火相传，不断拓展。如今在王世华与李琳琦两位先生的带领下，研究内容已经从徽商研究，拓展到徽州教育、徽州学术，乃至徽州文书、徽州家谱、徽州社会等诸多领域。安徽师范大学在徽学研究方面多次承担国家社会科学基金项目，获得过多项省级社会科学一、二等奖，使其成为徽学研究的重镇。著名史学家瞿林东先生评价说：“这个学术群体几次易名……但它的研究领域、治学宗旨却始终都不曾改变，而且呈现出‘日日新，又日新’的趋势”，“这个学术群体的良好的师承关系和良好的学风，以及明确的治学宗旨，在史学界并不多见”。

黄山学院徽州文化研究所成立于1994年6月，后于2012年7月在原徽州文化研究所基础上成立徽州文化研究中心，是黄山学院专门研究徽州文化的科研机构。其主要任务是弘扬中华优秀传统文化，开展徽州文化研究，组织黄山学院徽文化特色课程教学，促进国内外学术交流，服务于现代化建设。多年来，经过全体研究人员的努力，徽州文化研究中心组织和参与了各类徽州文化学术研究活动，承担了国家级、省级、校级各类徽州文化科研项目，积极开展国内外学术交流，出版、发表学术论著，培养徽州学研究人才，收集徽州文献资料，为推动徽州学的发展作出了贡献。

二、徽商文化的传承

为弘扬徽商精神，凝聚徽商力量，全国多地徽商组织积极建设徽商大厦或安徽大厦。目前全国的徽商大厦或安徽大厦，除北京安徽大厦、深圳安徽大厦、珠海安徽大厦是安徽省20世纪末在上述地区设立的窗口公司或在办事处基础上建设的，其余都是由异地安徽商会推动建设。目前异地安徽商会建设的徽商大厦或安徽大厦主要有：

1. 西安安徽大厦。西安安徽大厦是安徽人在陕西的温馨家园，是徽商对外的交流窗口与交往平台，是集商业、办公、娱乐等多功能为一体的现代商业大厦，大厦内有徽味天下餐厅，陕西省安徽商会办公地也在此。

2.嘉兴徽商大厦。嘉兴徽商大厦由嘉兴徽商置业有限公司建设，坐落于嘉兴市南湖新区CBD，大厦共26层，地上1~2层为商业用房、3~5层为高档酒店、6~24层为精品写字楼，地下室为两层，配套有精品酒店、大型超市、餐饮娱乐中心等，是嘉兴市安徽商会办公所在地。

3.武汉徽商大厦。武汉徽商大厦由湖北徽商投资有限公司投资建设，位于武汉东湖开发区武大园路和大学园路交叉口旁，总建筑面积约10万平方米，是武汉市安庆商会办公所在地。

4.九江徽商商务中心。九江徽商商务中心项目由九江富润置业有限公司投资建设，位于八里湖中央商务区，用地面积约1.3万平方米，总建筑面积约9.3万平方米，总投资约3亿元。目前该项目正在建设中，计划于2021年竣工。

5.昆山徽商大厦。昆山徽商大厦已于2018年动工，目前已封顶，由昆山徽商置业有限公司投资建设。昆山徽商大厦主体建筑27层，将成为昆山徽商的总部基地，集研发中心、展示培训中心和结算中心于一体，是昆山市安徽商会办公所在地。

6.泰安安徽大厦。泰安安徽大厦（徽京国际广场）项目由泰安徽商置业有限公司投资2.8亿元建设。配套设施有综合超市、酒店、咖啡厅、娱乐休闲会所、银行等。泰安安徽大厦定位为城市高品质5A甲级商务写字楼，是泰安市安徽商会办公所在地。

7.舟山安徽商会大厦。2018年，舟山安徽商会大厦正式揭牌，这是舟山市第一家异地商会大厦，也是舟山市安徽商会办公所在地。

8.辽宁徽商总部大厦。2019年，沈北新区与辽宁省安徽商会筹备委员会举行了辽宁徽商大厦落户沈北新区的签约仪式。

除了徽商大厦或安徽大厦外，全国多地徽商还开设以徽商命名或传承徽商文化的酒店。安徽省外各地的徽商酒店、连锁或上规模的徽菜馆对于传播徽商文化也起到了积极作用。这些酒店或徽菜馆有些是徽商投资建设而成，有些是商会众筹打造的徽商文化交流平台。

1. 柳州徽商国际大酒店。柳州徽商国际大酒店位于柳州市柳邕路73号，是由柳州著名徽商企业集团斥资打造的一家集客房、餐饮、娱乐、休闲服务于一体的综合性高星级商务酒店。

2. 临沂徽商国际酒店。2016年12月1日，筹备数月的临沂徽商国际酒店正式试营业。临沂徽商国际酒店是临沂市安徽商会第一个创业项目。该酒店中餐厅有15个包间、17个零点卡座，还有一个面积达318平方米的多功能宴会大厅，可同时容纳400多人用餐。餐厅装潢以博大精深的徽文化为主题，以徽派建筑为形式，辅以现代建筑材料，彰显皖南小镇风情。菜品主要原材料均采购于安徽各地，为宾客提供正宗地道的安徽菜系。

3. 昆明徽商国际酒店。昆明徽商国际酒店位于昆明长水国际机场内，酒店功能设施齐全，拥有客房270余间，中餐厅及宴会厅向宾客提供正宗的川滇菜、徽菜等各种风味的美食。酒店配备面积3 300平方米的商业区域，另外配套娱乐设施及180多个停车位。

4. 呼和浩特徽商大酒店。呼和浩特徽商大酒店位于呼和浩特市新城区哲里木路与北二环交会处。酒店设计以徽派建筑为主，拥有雅间15间，配以宴会厅，可同时容纳500余人就餐，同时设有4间档次高、功能全的会议室。

5. 乌鲁木齐徽商大饭店。乌鲁木齐徽商大饭店位于乌鲁木齐沙依巴克区西环北路，是一座现代化四星级饭店，也是徽商了解新疆的桥梁。

6. 深圳“徽商之家”酒楼。深圳“徽商之家”酒楼是深圳市安徽商会众筹建设的项目，位于深圳南头古城，酒店内徽文化特点显著，拥有近20个包房和大厅。

7. 徽商故里酒店。为推动徽菜创新发展，打造徽菜一流品牌，引领都市饮食潮流，2009年6月，黄山旅游发展股份有限公司在北京投资成立北京徽商故里餐饮管理有限公司。目前该公司拥有徽商故里北京朝阳门店、徽商故里北京广安门店、徽商故里北京三里河店、徽商故里北京远大店、徽商故里天津店、徽商故里杭州店、徽商故里济南店、徽商故里合肥店等门店。徽商故里文化餐饮以“新老徽商的足迹”为发展方向，以“徽商的厨房、家乡的味道”为市场定位，通过直营、委托管理、品牌加盟等多种形式逐步实现省会城市和京福高铁沿线重要城市全覆盖。

8. 河北安徽会馆。2018年9月10日，河北省安徽商会重点会员企业——安徽会馆揭牌仪式在石家庄市裕华区举行。该会馆主要为广大安徽籍会员提供商贸洽谈、创业就业、投资咨询等服务，会馆被亲切地称为“徽商之家”。

9. 上海徽商会馆。上海徽商会馆是集餐饮、客房、茶舍、宴会、戏楼等于一体的综合性会馆，位于阳光大酒店区域，主做徽菜、燕鲍翅，传承传统徽菜制法，保留最地道的安徽味道。

还有一些地方建有安徽会馆或徽商文化交流场所，如苏州安徽会馆、昆山安徽商会会馆、温州安徽商会文化会馆、上海徽府、北京印象徽庄等，这些场所都推动了徽商文化的传承，成为传播徽商文化的核心窗口。

三、徽商文化研学基地

伴随各类徽商组织的增多，徽商文化的研学成为各大徽商组织，各大商学院EMBA、MBA教学的首选。在安徽，一批徽商文化研学基地在传承徽商文化方面起到了重要作用。

1. 徽杭古道。徽杭古道绩溪段和古徽道东线郎溪段是全国重点文物保护单位，绩溪县徽杭古道景区是国家AAAA级景区，也是安徽省森林旅游示范景区，多次被国家体育总局评为中国体育旅游精品线路。

2. 徽州区唐模。唐模是一个以水口、徽派园林、水乡景致和田园风光为主要特色的古村落景区，2015年被评为安徽省省级徽文化研学基地，其“家风”“水口”“忠孝”“翰林”等徽文化内容丰富。

3. 徽商博物馆。徽商博物馆位于芜湖市，是首个以弘扬徽商精神、展示徽商文化为主题的民间主题藏馆，采用了中国传统园林和徽派建筑手法，并且巧妙地融合了现代时尚元素，主要设有徽州古民居、主体展馆、随园展区。

4. 芜湖鸠兹古镇。鸠兹古镇以徽派建筑为基底，以徽商文化为载体，以文化传承和文化创意相结合，是集文旅产学研为一体的中国徽文化沉浸式体验度假小镇，有以徽商为主题的商帮文化旅游区和徽商老字号聚集区。

5. 刘园·古徽州文化园。刘园·古徽州文化园位于合肥市，它致力于打造安徽省首家集文化、旅游、教育、体育于一体的文化交流平台，设有安徽省中医秘笈博物馆、安徽省徽厨博物馆、六尺巷、儒宴厅、明德殿、留缘客栈、修身驿馆等。

6.安徽省源泉徽文化民俗博物馆。安徽省源泉徽文化民俗博物馆位于合肥市，是安徽首家非国有博物馆，是一座以徽商、徽学、徽文化为主题的专题性博物馆，馆内收藏有楹联匾额、石刻造像等多种具有徽州地方特色的藏品，让人流连在历史的长河中。

7.中国徽州文化博物馆。中国徽州文化博物馆位于芜湖市，是国家一级博物馆、第二批全国重点古籍保护单位，馆内展陈分为走进徽州、天下徽商、礼仪徽州、徽州建筑、徽州艺术、徽州科技6个部分。

8.北京印象徽庄。北京印象徽庄因整个村庄以徽派建筑为特色而得名，来自对江南古徽州的印象，“移自江南山水间，藏在北国风光里”。北京印象徽庄有29栋原貌徽派建筑，内设中华家文化展馆、徽商文化馆。

9.上海徽府。上海徽府是一家集文化艺术、古玩收藏、会务讲座、徽派特产、徽雕、徽派建筑等为一体的徽商大院，黑瓦白墙、四水归堂、东瓶西镜、水墨丹青等徽派特色鲜明。

10.徽州古城。徽州古城是保存完好的中国四大古城之一，是徽学发祥地，城内景区包含徽园、渔梁坝、许国石坊、斗山街、陶行知纪念馆、新安碑园、太白楼等7处，涵盖了新安理学、徽派朴学、新安医学、新安画派、徽派版画、徽派篆刻、徽剧、徽商、徽派建筑、徽州四雕、徽菜、徽州茶道、徽州方言等徽州文化。

11.绩溪龙川景区。绩溪县龙川现为安徽省历史文化保护区，龙川胡氏人才辈出，是徽州出名的“进士村”。村内现有龙川胡氏宗祠、奕世尚书坊和胡炳衡宅两处全国重点文物保护单位，以及县级文物保护单位胡宗宪故居等。

12. 黟县宏村。宏村，世界级文化遗产，现存明清时期古建筑138幢，湖光山色与层楼叠院和谐共处，自然景观与人文内涵交相辉映，有“画中的村庄”美誉，是徽派村落文化的代表。村内有承志堂、南湖风光、南湖书院、月沼春晓、牛肠水圳、双溪映碧、亭前大树、雷岗夕照、树人堂、明代祠堂、乐叙堂等景点。

13. 黟县西递。西递，世界级文化遗产，有“明清古民居博物馆”“桃花源里人家”“古民居建筑的艺术宝库”等美誉。全村有14—19世纪祠堂3幢、牌坊1座、保存完好的明清古民居建筑224幢（其中124幢列入全国重点文物保护单位西递村古建筑群保护清单）。徽派建筑错落有致，砖、木、石雕点缀其间。

14. 旌德江村。江村，枕山环水，阡陌纵横，山川灵秀，前有山峰耸然侍立，后有幽谷深藏，金鳌雄居其中，狮山、象山卧居江村村口左右。村中龙溪、凤溪环绕，汇锁村口聚秀湖，湖旁有古庙宝塔，诗碑堤栏，垂柳秀荷，相映成画。

15. 泾县查济。查济，国家AAAA级景区、全国重点文物保护单位、中国历史文化名村，有古代建筑140余处。其中桥梁40余座，祠堂30座，庙宇4座，有元代建造的德公厅屋、明代建造的涌清堂、进士门等，是目前保存较为完整的古建筑群。

16. 合肥徽园。徽园，国家AAAA级景区，是中国电视剧制作中心拍摄基地、安徽省文学艺术集中展览区，也是一座具有代表性的展示安徽特色的主题公园类旅游区。

17. 黟县南屏。南屏村拥有典型的徽派民居以及迂回婉转、回环往复的巷子，规模不一的祠堂，吸引了大批研学活动参与者汇聚至此。

18. 徽州区西溪南。西溪南村历史悠久，多大商巨贾，当时经商者足迹遍布扬州、南京、杭州及沿淮一带，以盐商为主，兼营茶、木材、典当等行业，推动了西溪南村的繁荣发展，使其成为徽商历史的重要组成部分。

19. 歙县鲍家花园。鲍家花园原为清乾隆、嘉庆年间著名徽商鲍启运的私家花园。现在是中国最大的私家园林和盆景观赏地之一，以徽派盆景为主题，同时荟萃国内外各流派盆景精华，与牌坊群景区互为补充，相得益彰。

20. 黟县卢村。卢村古民居群为清道光年间四品朝议大夫卢帮燮所建，至今仍完整保存着志诚堂、思齐堂、思成堂等宅院。其中闻名遐迩的木雕楼为徽派木雕艺术的极品，被誉为“徽州木雕第一楼”。

21. 中国徽菜博物馆。中国徽菜博物馆位于黄山市，建筑共4层，分为六大展区，展示内容包括徽菜的起源与发展、徽菜的特色、千滋百味的徽菜、名人名菜、名店与名厨以及徽菜的创新与未来等。

22. 黄山市徽派雕刻博物馆。黄山市徽派雕刻博物馆由徽州竹雕省级非物质文化遗产代表性传承人洪建华积极筹备并创建，通过祖传、社会征集、艺术创作等途径，现收集整理唐代以来的文物及展品共1 200件（套），是展示徽州雕刻精湛技艺的窗口和传承并弘扬博大精深的徽州雕刻文化的载体。

23. 谢裕大茶叶博物馆。谢裕大茶叶博物馆位于黄山市，它依托徽商历史，挖掘徽商商业文化精神，从中国茶文化发展史的角度，展示了黄山毛峰茶的起源、发展、演变，以及谢正安历经艰辛、数年试验后终成正果，创制出具有独特样式与品质的闻名天下的经典毛峰茶，被后人称誉为“黄山毛峰第一家”的历程。

24. 休宁松萝茶文化博览园。松萝茶文化博览园分为松萝茶文化博物馆，松萝山风景浓缩区，松萝茶标准化、清洁化、智能化加工体验区，徽州木雕体验区，良种茶园示范区等七大板块，是集茶文化历史研究、体验、参观、品饮、娱乐等多功能为一体的国家AAA级旅游景区。

25. 中国宣纸文化园。中国宣纸文化园位于泾县，于2007年10月1日正式对外开放，研学者可以参观到传承千余年的古法宣纸制作工艺，了解纸、墨、笔、砚、扇、纸帘等的制作工艺，而且可以亲身体验纸、墨、笔、砚、扇、纸帘的制作过程。

26. 黄山市徽墨文房博物馆。黄山市徽墨文房博物馆的藏品为中国手工业制作的典型代表、荣获国家级非物质文化遗产的徽墨与歙砚。主要展品有自胡天注首创“胡开文徽墨”以来传承至今的珍贵文献资料42件，明清历代名家雕刻的“御园图”“棉花图”等墨模600余副，实物遗存150余件，汉朝以来历代名砚300余方等，藏品具有较高的研究价值。

27. 歙县古城墨砚博物馆。歙县古城墨砚博物馆是从事徽墨、歙砚雕刻艺术作品及资料收藏、展览、陈列、研讨、交流等活动的民办博物馆。该博物馆详尽介绍歙砚、徽墨的起源、发展和名工，展现歙砚、徽墨的品质、工艺、砚式和墨模，普及歙砚、徽墨的鉴赏知识，展示新安书画、徽州三雕、全国各大名砚品种及漆器工艺、文房四宝等内容，与参观者实现互动。

28. 天之红祁门红茶博物馆。天之红祁门红茶博物馆位于祁门红茶文化综合展示区内，集中展示了祁门红茶茶史、茶萃、茶事、茶缘、茶具、茶俗六大板块。一件件茶器、茶具无声描述着祁门红茶百余年茶史的风雨沧桑，一桩桩茶缘、茶事铭记着祁门红茶一路走来的荣耀相伴。各大板块相对独立而又相互融合的设计风格和理念，从不同的视角对祁门红茶传统制作工艺、名人轶事、文化传承等内容进行深刻诠释，生动体现了祁门红茶文化和历史的丰富多彩、源远流长。

29. 古井酒文化博物馆。古井酒文化博物馆位于亳州市古井镇，其展厅共分为4个部分。一楼展厅：序言厅、酒源、酒韵；二楼展厅：古井成长史、古井系列酒陈列、古井功勋记、古井品牌战略、古井字画、结束语；书画展厅；体验区：地下宋井、明窖池群、手工操作参观间、游客酿酒体验区、酒铺及室外休闲体验区、浮雕墙碑林、题名留念（纪念品商场）。

30. 迎驾酒文化博物馆。迎驾酒文化博物馆位于霍山县佛子岭镇，其建设主要运用了汉代编钟、刀币、酒爵、汉阙、斗拱、汉代铜车马等设计元素，造型古朴庄重，呈现出典型的汉代建筑风格，馆内共设1个序厅和10个大展厅。展示内容包括中国酒文化知识、迎驾历史文化知识、迎驾传统和现代酿造工艺场景再现、地下藏酒窖、迎驾发展历程、迎驾山水文化以及光临迎驾的文人墨客书画展、酒品酒道馆、大别山民俗馆、企业文化与荣誉厅等。

31. 石台茶文化博物馆。石台茶文化博物馆占地面积2 000多平方米，馆中收藏了许多珍贵的历史文物，记录了石台茶叶的发展历程，甚至还有道光年间的地契。馆内的秋浦民俗文化馆，是一个浓缩版的石台旧日村庄，里面有酒馆、药房、茶园、学堂等生活场景，甚而还设置了民房、手工作坊、商号、茶棚、四角亭、牌坊、看茶棚、场地、凉棚、仓室、古井、土地庙等，搜集和陈列了300余件旧时农民常用器物，真实地再现了百年前古秋浦流域农居的生活场景。

32. 三瓜公社。三瓜公社位于合肥市。三瓜公社按照“一村一品”和“一户一特”的思路进行产业规划，重点打造了南瓜电商村、冬瓜民俗村、西瓜美食村，形成了涵盖休闲农业、乡村旅游、农村电商、民俗文化、农特产品种养、生产加工、物流、餐饮住宿等多种业态的产业集聚融合发展区，成为合肥乃至安徽旅游发展的新品牌、新名片。

33. 安徽名人馆。安徽名人馆位于合肥市，它汇聚了800多位安徽名人，集中展示了安徽名人的文化风采。

34. 齐云山。齐云山以地域特色资源为基础，积极开发研学旅游资源，推出了集道家传统文化、状元文化、碑刻文化、地质遗迹文化等内容的系列研学旅游产品，建立了齐云山文化艺术馆，利用丰富的研学旅游资源，寓教于游，成为研学旅游的胜地。

35. 徽商故里。徽商故里文化发展集团有限公司是中国旅游第一股——黄山旅游发展股份有限公司旗下的全资子公司，致力于传承徽菜技艺、传播徽州文化。集团总部位于北京，注册资本1亿元。目前徽商故里品牌旗下拥有多家徽文化主题餐厅，分布在北京、天津、杭州、黄山、合肥等地，整个酒店的风格徽味十足，细节之处彰显了徽州文化的独特韵味。

36. 傻子瓜子博物馆。傻子瓜子博物馆位于芜湖市，由芜湖市傻子瓜子有限总公司和芜湖市年氏食品有限公司董事长年强发起并投资兴建，属公益性民办博物馆。总面积近2000平方米，包含历史、改革、发展、成果等8个展厅。该博物馆定位为以详实的资料和实物，结合摄影、美术、雕塑等艺术形式和多媒体高科技技术，综合展示瓜子历史、瓜子文化和瓜子工艺的瓜子主题博物馆。

附录一：2019年新成立的异地徽商组织

异地各类徽商组织的建设为异地徽商与地方政府之间的沟通搭建了桥梁，对徽商回归、徽商文化的传播与徽商精神的传承起到了重要作用。2019年，全球新成立异地徽商组织32家。

1.2019年1月6日，韶关市安徽商会成立大会在韶关摩尔城假日酒店举行，安徽省人民政府驻广州办事处主任朱丹、中央军委空军原副政委徐承栋、原成都军区空军副政委张逢堂、韶关市民政局副局长张瑞兰、广东省安徽商会轮值会长夏阳、广东省安徽商会常务副会长孙涛、韶关市安徽商会全体会员以及佛山、清远、惠州、东莞等市安徽商会及韶关地区各兄弟商会、社会团体等有关负责人、在韶的安徽同乡共300余人出席本次盛会，共同见证了韶关市安徽商会的正式成立。赵亮当选为韶关市安徽商会会长。

2.2019年1月18日，象山县安徽商会举行成立大会。会议审议通过了《象山县安徽商会章程》，选举产生了第一届理事会领导班子。目前加入象山县安徽商会的象山安徽籍企业共83家，经营范围涉及商贸旅游、金融服务、工程建设、建筑安装、新型材料、电子产品、针织服饰、法律服务等诸多领域。周可刚当选为第一届理事会会长。

3.2019年3月15日，雄安安徽商会（分会）成立，来自保定市工商联、河北省安徽商会、保定安徽商会的领导和安徽籍投身于雄安新区建设的企业家代表共计百余人参加了活动。

4.2019年3月19日，日本安庆联谊会暨商会成立。成立仪式由安徽联谊会会长胡军主持，刘元敬当选为日本安庆联谊会暨商会首任会长。

5.2019年4月15日，荆州市安徽商会第一次会员大会召开，大会表决通过了《荆州市安徽商会章程》，选举安徽海滨泽汇食品有限公司兼荆州公司董事长朱海涛为商会首任会长。在荆州发展的安徽籍企业有200多家，主要集中于医药、建筑建材、机械、冷冻冷鲜食品加工物流、商贸物流等领域。

6.2019年4月18日，杭州市临安区安徽商会成立大会在交通皇冠大酒店顺利召开。

7.2019年4月19日，杭州市安庆商会成立。杭州有关部门的领导和安庆地区区、县的有关领导出席了成立大会。丁峰当选为会长。

8.2019年4月26日，福建省安徽亳州商会成立大会在泉州海丝博亚酒店举行，亳州市副市长李胜辉、安徽省人民政府驻广州办事处副巡视员杨成东等领导出席了会议。

9.2019年4月27日，桐城北京商会成立。桐城籍在京创业就业人数超过7万人，桐城北京商会首届会员企业有150余家，主要涉及地产开发、环保产业、新能源产业、生态旅游、现代服务业、建筑工程、商贸物流、餐饮等业态。

10.2019年5月19日，江苏省安徽安庆商会第一次会员代表大会顺利召开，有关领导及商会代表、会员代表等参加了会议。王志鹏当选为首任会长。

11.2019年6月8日，鸡西市安徽商会成立。据了解，目前在鸡西地区经商办企的安徽籍商界人士有500人，从事的行业涉及范围较广，在建材五金、装饰装修、汽车修理等行业不乏优秀的安徽企业家。鸡西市安徽商会的成立有利于促进安徽和黑龙江两地的经贸交流与合作，为两地的经济和社会进步作出贡献。张文广当选为会长。

12.2019年6月22日，安徽无为青岛商会成立大会在青岛市汉卓酒店隆重召开。无为县委常委、统战部部长、无为经济开发区党工委第一书记雍成武等县领导出席了成立大会。无为县相关县直单位负责人、各异地商会负责人参加了成立大会。会议选举产生了安徽无为青岛商会第一届领导班子，青岛富泰盛鑫商贸有限公司董事长任群生当选为首届会长。青岛市、无为县领导对商会及商会领导班子进行了授牌。

13.2019年7月6日，扬中市安徽商会成立。大会选举产生了第一届理事会理事单位。随后召开的第一届理事会选举产生了扬中市安徽商会第一届理事会领导班子。程华九当选为扬中市安徽商会第一届商会会长。

14.2019年7月12日，长沙市安徽商会举行第一届第一次会员大会，来自长沙市工商联、长沙市民政局等主管部门的领导以及各位会员单位代表近200人出席了会议。经无记名投票，选举王灿友为会长。长沙市安徽商会汇聚了一批以“80后”为主体的“新生代”企业家，商会成立后将继续凝聚更多创业型企业家，传承徽商品质，发展徽商文化，凝练新时代徽商商训，铸造新时代儒商精神。商会将致力于打造价值协同、发展协同的创新型、组织型、学习型商会平台，发扬徽商“以众帮众、相互提携”的优良传统，服务好会员、服务好地方、服务好社会，擦亮“新生代”徽商的品牌，提升知名度与影响力。

15.2019年8月11日，北京市铜陵企业商会成立暨第一届第一次会员大会在北京安徽大厦举行。全国政协原副秘书长、港澳台侨委员会原副主任卢昌华，十三届全国政协常委、人口资源环境委员会委员、中国石油大学（北京）校长张来斌，中国经济体制改革研究会副会长、全国工商联参政议政委员会委员陈剑，铜陵市委副书记、市长胡启生，铜陵市委副书记赵振华，铜陵市政府秘书长周剑等出席会议。王世根当选为会长。

16.2019年8月18日，浙江平湖市合肥商会成立大会暨第一次会员大会在平湖市举行。合肥市工商联副主席沈鑫、平湖市工商联党组书记杨永明、平湖市民政局副局长何鸣宇、平湖市工商联副主席褚卫国等领导受邀出席本次大会。大会选举产生了以王高等27名理事组成的第一届理事会，并由理事会选举产生了首届会长、常务副会长、副会长和秘书长。王高担任商会会长，潘兵担任秘书长。

17.2019年8月18日，深圳市安徽马鞍山商会成立大会成功举行。安徽省人民政府驻深圳办事处主任张健、马鞍山市副市长李强、深圳市社会管理局副局长李文海、深圳市出版发行集团党委书记尹昌龙、马鞍山市委统战部副部长夏为顺、深圳市安徽商会常务副会长兼秘书长叶建中、深圳市安徽商会常务副会长兼常务副秘书长姚敬美、深圳市安徽商会常务副会长兼服务中心总经理周亚非、深圳市安徽马鞍山商会首任会长尚定刚等领导、嘉宾和商会代表，共同出席了启动仪式。

18.2019年10月18日，大理州安徽商会在云南省大理白族自治州正式成立。州委统战部、州工商联、州民政局相关领导及安徽商会会员代表等近200人参加了成立大会。在大理的安徽籍商界人士有数千名，他们广泛分布在房地产开发、建设工程施工、物业服务、电子通信、装饰装潢、中药材种植及销售等行业中。在企业不断发展的过程中，安徽企业家们逐步意识到了成立商会的重要性，经在大理的安徽籍商人协商后一致决定筹建大理州安徽商会。

19.2019年10月26日，来自安徽亳州的哈尔滨徽商企业家代表齐聚哈尔滨市安徽商会，共同参加哈尔滨市安徽商会亳州分会成立大会。陈军当选为首任会长。

20.2019年11月29日，衢州市安徽商会龙游分会成立大会暨第一次会员大会于龙游县召开，会前举行了第一届理事会，选举产生了商会分会首届领导班子，汪东华当选为分会会长。

21.2019年11月30日，重庆市安徽合肥商会第一届第一次会员大会在重庆澳维酒店召开，合肥市工商联主席姚亚妹、重庆市工商联秘书长雷文睿为重庆市安徽合肥商会授牌。重庆航景工程咨询有限公司总经理武有香当选为第一届会长。

22.2019年11月30日，无锡市总商会黄山商会第一次会员大会暨成立庆典在无锡市万豪酒店举行，无锡市委常委、市统战部部长陈德荣，黄山市委常委周天伟，歙县人民政府副县长郑小毅、歙县工商联副主席江贵清，黄山、无锡两地的相关领导，无锡市总商会黄山商会会员企业代表以及社会各界人士200余人参加了成立大会。李江锋当选为无锡市总商会黄山商会会长。

23.2019年12月8日，首届大湾区黄山（徽州）城市发展推介大会暨东莞市黄山（徽州）商会成立庆典在东莞举行。广东乾知智库研究院有限公司董事长王坚当选为首届会长。

24.2019年12月14日，梅州市安徽商会成立庆典暨第一届理事会就职典礼在梅州市客商中心隆重举行。梅州市安徽商会首届会长胡德兴在致辞中表示，梅州市安徽商会将引导会员企业发挥现有产业优势，并进一步扩大生产规模，同时将努力加强会员之间、行业之间的交流与合作。理事会将充分发挥商会组织优势，集聚资金、汇聚人才、整合资源，利用在梅州安徽籍企业家综合群体优势，组织会员单位参与更大投资规模、更高产出效益的新兴高附加值产业。

25.2019年12月15日，上海市池州商会成立大会暨上海安徽经济文化促进会池州分会第四届第二次会员代表大会在上海召开。池州市政协主席张夏林出席会议并致辞，上海市人民政府合作交流办公室副主任、一级巡视员黄建平，上海安徽经济文化促进会会长刘涟清，池州市人大常委会副主任王家莹等有关领导出席会议。池州市副市长傅金光通报池州经济社会发展情况。会议选举上海中昊针织有限公司总裁高宝霖担任上海市池州商会会长。

26.2019年12月22日，青海省阜阳（安徽）商会在西宁成立。近年来，随着国家相关政策的有效实施，在青海经商的阜阳籍企业有1 000多家（含个体工商户），共计7万余人，他们分布在青海省各州县（市），主要从事房地产开发、建筑、建材、装饰装修、矿业、医药、医疗、旅游、餐饮、宾馆、商业百货、粮油菜批发销售等，为青海、阜阳两地经济发展和文化交流做出了卓越贡献。在召开的第一届第一次会员大会上，与会代表讨论通过了《青海省阜阳（安徽）商会章程》，选举张丙钦为首任会长。

27.2019年12月23日，湖州市合肥商会成立大会暨答谢晚宴在湖州皇山花园大酒店举行，来自湖州、合肥两地有关领导、湖州市合肥籍企业家、友邻商会代表等200余人应邀出席了成立大会。大会选举童友超为湖州市合肥商会会长。

28.2019年12月24日，宁波市安庆商会成立。安庆市政协主席章松、宁波市政协副主席张明华出席成立大会并讲话，安庆市人大常委会副主任刘飞跃出席成立大会并为宁波市安庆商会授旗。大会选举产生了商会第一届领导班子，江中民当选为首届会长。

29.2019年12月24日，南京市淮北商会成立大会隆重召开。原南京军区副司令员徐承云、江苏省军区原副司令员吕振林、陈德亮，以及苏皖两省，南京、淮北两市有关领导，商会主管单位领导、兄弟商会代表、商会会员等参加大会。江苏省安徽商会常务副会长朱永梅当选为首任会长。

30.2019年12月29日，南京市池州商会成立大会在南京丰盛五季大酒店隆重召开。南京市人民政府副秘书长王少华，南京市委统战部副部长、市工商联党组书记丁铭，南京市工商联党组成员、副主席、市总商会党委书记郑德巍，南京市委统战部经济处处长端泽民，池州市政协主席张夏林等有关领导出席了成立大会。会议选举南京景顺装饰设计工程有限公司董事长王文华为会长。

31.2019年12月31日，娄底市安徽商会成立大会在金和康年大酒店举行。娄底市政协副主席、市工商联主席李德仁出席会议并宣布商会成立。会议选举产生了娄底市安徽商会第一届理事会领导班子，冯明力当选为娄底市安徽商会第一届理事会会长。

32.2019年，尼日利亚安徽商会成立，伍大洋当选为商会首任会长。

附录二：2019年徽商大事记

1.第五届徽商奥斯卡全球年度盛典。2019年1月12日晚，以“讴歌奋斗者、见证新时代”为主题的第五届徽商奥斯卡全球年度盛典颁奖典礼在合肥大剧院如期举行。第五届徽商奥斯卡全球年度盛典由安徽日报报业集团指导，第五届徽商奥斯卡全球年度盛典组委会主办，60位徽商企业家、10家商会组织荣膺“徽商榜样”，八大徽商榜单逐一揭晓，不仅总结了徽商在过去两年的发展成就，更是凝聚了徽商发展力量，为徽商经济未来的发展指明方向。人民网、新华网、《安徽日报》、安徽电视台、中安在线等30余家省内外权威媒体对第五届徽商奥斯卡全球年度盛典进行了深度报道。

2.2019“徽商之夜·畅想春天”大型品牌活动。2019年3月18日，来自海内外的近千位徽商企业家和政界、文化艺术界、期刊媒体界的社会精英齐聚合肥，共同参加由安徽日报报业集团徽商传媒主办的2019“徽商之夜·畅想春天”大型品牌活动。与会嘉宾共叙友谊，共寻商机，共话挑战，共盼未来。中国期刊协会会长、国家新闻出版广电总局原副局长吴尚之，安徽省人大常委会原副主任吴昌期，安徽省人大常委会原副主任郭万清，安徽省政协原副主席王鹤龄，中国国际贸易促进委员会安徽省委员会巡视员、安徽国际商会副会长刘晓光，安徽日报报业集团党委委员、副总编辑计永超，安徽省退役军人事务厅党组成员、副厅长梅德林，安徽（皖）籍专家学者实业家联谊会会长刘健，安徽省社会科学界联合会原党组书记程必定，合肥市人大常委会原常务副主任、安徽省诗歌协会副会长宋家伟，安徽省预备役师原师长胡平，安徽省妇女联合会原副主席李晓黎，安徽新华发行（集团）控股有限公司党委书记、董事长曹杰，安徽皖能集团党委副书记罗太忠，中国期刊协会常务副秘书长刘晓玲，中国期刊协会副会长、徽商传媒总编辑、徽商全球理事会秘书长韩新东等领导和嘉宾出席了此次活动。

3.2019年全国徽商商会秘书长（古井）工作会议。2019年4月9日，2019年全国徽商商会秘书长（古井）工作会议在亳州成功举办。本次会议由安徽国际徽商交流协会主办，亳州古井销售有限公司承办，安徽中烟工业有限责任公司、烟台古顶酒庄有限公司共同协办。安徽国际徽商交流协会创会会长、安徽省人大常委会原副主任吴昌期，亳州市招商局副局长刘仲远，安徽古井集团有限责任公司董事长、党委书记梁金辉，亳州古井销售有限公司董事长、总经理闫立军，安徽国际徽商交流协会常务副会长兼秘书长叶青松，安徽合作交流办公室经济联络处负责人余超超，安徽财经大学新徽商研究中心副主任王唤明以及来自全国各地的徽商商会代表近200人参加会议。会议由安徽省国际徽商交流协会常务副会长兼秘书长叶青松主持。

4.2019中国长三角青商高峰论坛。2019年5月13日，2019中国长三角青商高峰论坛在美丽的巢湖之滨开幕。据悉，这是长三角一体化上升为国家战略后，该论坛首次在安徽合肥举行。本届论坛由共青团安徽省委员会、共青团上海市委员会、共青团江苏省委员会、共青团浙江省委员会、合肥市人民政府主办，安徽省青年企业家协会、安徽省青年创业者协会、上海市青年企业家协会、江苏省青商会、浙江省青年企业家协会、共青团合肥市委员会承办。来自长三角三省一市的青商代表、知名投资人、专家学者、青年人才等700余人参会。会上大家围绕长三角高质量一体化发展和青年企业家协作等话题，共商大计、共谋未来。开幕式上，三省一市团委签订了关于服务长三角一体化发展合作框架协议，发表了2019长三角地区青年企业家共同宣言，举行了首批长三角地区青年企业家产业协作共同体成立仪式。长江产业经济研究院院长刘志彪围绕长三角经济发展一体化与对内开放做了专题报告，刘庆峰、洪清华、王伟峰等6位嘉宾从青商新担当、都市圈规划、长三角旅游一体化构想等不同纬度做沉浸式主旨演讲。开幕式上还揭晓了2019年度中国长三角青商领袖、十大杰出青商、十大新锐青商获奖人员名单。

5.2019世界制造业大会·徽商论坛。2019年9月20日，世界制造业大会·徽商论坛在合肥举行。知名专家学者和400多位徽商代表参加了此次论坛。此次徽商论坛围绕“聚力徽商智造，赋能高质量发展”主题组织了“徽商对话”“主旨演讲”“徽商论道”等系列活动。与会徽商和专家围绕人工智能、工业互联网、现代金融以及先进制造业的新技术、新产品、新业态、新模式进行了观点碰撞。在长三角一体化等国家战略的机遇下，智能制造正成为安徽制造业及部分徽商企业迈向高质量发展的强劲动力。在当天的论坛上，徽商回归被多次提起，安徽正成为徽商企业家

“凤还巢”的热土。徽商论坛期间，发布了《徽商发展报告2019》和《风云徽商》。9月21日，参会嘉宾还走进安徽滁州市全椒县参观考察，并举办了“2019徽商论坛·先进制造业发展峰会”，共话县域经济高质量发展。

6.徽商·中国发展高峰论坛。2019年9月22日，2019世界制造业大会期间，由安徽日报报业集团徽商传媒主办的徽商·中国发展高峰论坛在合肥成功举办，800位徽商企业家共谈全球制造业发展新趋势，共畅徽商发展新未来。正威国际集团有限公司董事局主席王文银应邀参加此次高峰论坛并发表题为“徽商企业家如何攀登世界高峰”主旨演讲。从400元起步只身闯荡深圳到缔造年营业额5 000亿元的国际化企业，王文银在演讲中揭秘了正威国际集团有限公司成长的奥秘，分享了徽商制造经验，以此助力徽商高质量发展。在与会嘉宾热烈的掌声中，20位徽商企业家获得了“徽商十年金榜领袖”“徽商十年金榜名媛”等荣誉称号。南京金箔集团董事局主席江宝全、悦康药业集团有限公司董事长于伟仕、上海电能电气（集团）有限公司董事长吴献忠等多位聚焦制造业发展的徽商企业家也就相关主题进行了深度对话，展现了徽商对于制造业发展的思考和身处新时代的责任担当。

7.长三角城市经济协调会第十九次会议。2019年10月15日，长三角城市经济协调会（以下简称“城市经济协调会”）第十九次会议在安徽省芜湖市召开。上海市委常委、常务副市长陈寅等城市经济协调会41个成员城市市长出席会议。安徽省委常委、常务副省长邓向阳，国家发改委地区司，上海、江苏、浙江、安徽三省一市发改委，上海市16个市辖区有关同志应邀出席会议。会议深入学习了《长江三角洲区域一体化发展规划纲要》及2019

年长三角地区主要领导座谈会精神，全面总结了2018年以来城市经济协调会工作。一年来，城市经济协调会的合作体系和内容不断丰富，跨区域城市合作更加扎实有效，上海、南京、杭州、宁波、合肥等几大都市圈合作更加扎实有效，城市合作的专业化服务平台建设不断推进，长三角城市群合作取得明显成效。会议以“构筑强劲活跃增长极的长三角城市担当与作为”为主题，认真分析交流了当前深化长三角城市群合作的重要意义及加快构建更加紧密城市群合作网络体系的工作思路和举措。会议认为，当前，经济发展的空间结构正在发生深刻变化，中心城市和城市群正在成为承载发展要素的主要空间形式。城市经济协调会成员城市要主动担当，积极作为，更加务实、高效深化合作，积极构建符合时代特征、中国特色和长三角特点的城市群合作模式，加快推动长三角一体化发展，努力把长三角建设成为全国发展强劲活跃的增长极和高质量发展的区域集群。

8.第二届徽商精英论坛。2019年11月24日，由安徽经济报社、安徽大学绿色研究院、合肥中小企业服务中心等单位主办，徽商研习社承办的2019第二届徽商精英论坛在云掌财经报告厅举行，安徽经济报社社长马顺生、安徽大学绿色研究院院长张彤、安徽大学徽学研究中心张小坡等300余位嘉宾应邀出席了此次论坛。

9.东北徽商经济论坛高峰会议。2019年11月30日，东北徽商经济论坛高峰会议暨沈阳市安徽商会成立十周年庆典活动在沈阳市禧悦酒店隆重举行，来自东北22个安徽商会的成员、皖辽两省党政领导等560余人共襄盛会，大家共议徽商发展、叙乡情友谊、话使命担当，并举办了以“东北振兴·徽商在行动”为主题的东北徽商经济论坛。会上，沈阳市副市长李松林、安徽省人民政府副省长王翠凤、辽宁省政协副主席武献华先后发表讲话，对沈阳市安徽商会举办的此次盛会表示祝贺，对东北徽商汇聚智慧力量、搭建互助平台、促进相互交流、共享资源抱团发展表示支持与赞赏。论坛上，辽宁省人民政府参事乔军、辽宁省社会科学院副院长梁启东分别做了题为《当前辽宁经济发展形势》和《东北新一轮振兴，企业家的新战略与新选择》的主题演讲，对东北振兴的形势和政策进行了分析和解读。哈尔滨市安徽商会创会会长桂新明、吉林省安徽商会创会会长江保生围绕与东北振兴同频共振，打造东北徽商共商共建共赢命运共同体和整合资源，建立开放包容的东北徽商区域经济合作联盟作了主题发言。付厚文就如何创新商会发展模式，促进商会高质量发展，打造东北徽商品牌提出了许多建设性意见。会议审议通过了《东北徽商宣言》。

10.长江中游城市群省会城市第七届会商会。2019年12月4日，长江中游城市群省会城市第七届会商会在合肥市召开，武汉、长沙、合肥、南昌四市党政主要领导再聚首于巢湖之滨，共同研究谋划深入推进四省会城市合作的新思路新举措。本届会商会主题为“对接长三角一体化发展国家战略，推动长江中游城市群高质量协同发展”。国家发改委、科技部、长三角区域合作办公室相关负责人到会并讲话。四个省会城市市长共同签署《长江中游城市群省会城市高质量协同发展行动方案》，并与黄石、岳阳等观察员城市共同签署《长江中游城市群建设2020年合作重点事项》。四省会城市将结成更加紧密的战略共同体，在基础设施互联互通、科创产业协同发展、城乡区域融合发展、生态环境共同保护、公共服务便利共享等方面强化合作，总结可复制可推广的政策措施，辐射带动周边城市高质量发展，提升长江中游城市群整体高质量发展水平。

11.“创新发展皖美徽商”2019徽商全球理事会年会。2019年12月5日至6日，由徽商传媒、徽商全球理事会、徽商杂志社主办的“创新发展皖美徽商”2019徽商全球理事会年会在蚌埠举行。徽商全球理事会会员、知名徽商企业家、专家学者、商会代表及蚌埠当地政府领导、企业界代表近300位嘉宾欢聚一堂，共赴盛会。

12.2019全国安庆商会联盟会议。2019年12月5日至7日，由安庆市工商联、全国安庆商会联盟组织的“不忘初心、皖源寻根、共谋发展”考察座谈活动在潜山举行。来自全国20多家异地安庆商会会长、副会长、秘书长共计100余人参加了此次活动，安庆市政协主席章松，全国安庆市商会联盟轮值主席、上海市安庆商会会长聂建明，安庆市工商联主席王晓辉、副主席王文生，潜山市人民政府领导张劲松、梅耐雪、黄银枝、郭玉晟、涂高生、曹晓革、余永灿、蔡婷婷、程赟陪同考察或参加座谈会。考察团一行先后实地考察了潜山市经济技术开发区相关企业和项目现场，参观企业建设情况，询问企业生产规模、产品研发等情况，了解潜山经济发展状况和产业布局情况。座谈会上，参会者纷纷就潜山的区位条件、招商引资、产业政策、营商环境等方面进行了发言。大家一致认为，潜山文化底蕴深厚、生态环境优美、自然资源丰富、首位产业基础厚实、发展潜力大，表示将继续关注、支持潜山经济社会发展，共谋合作共赢。

13.2019国际徽商精英（合肥）年会暨投资对接合作交流大

会。2019年12月17日，由安徽国际徽商交流协会主办，以“徽商奋斗新时代、携手创造新辉煌”为主题的2019国际徽商精英（合肥）年会暨投资对接合作交流大会在合肥市丰大国际酒店成功举行。安徽省委原书记卢荣景，安徽省人大常委会原主任孟富林，安徽省人大常委会副主任李明，全国政协委员、安徽国际徽商交流协会会长张桂平，安徽省人大常委会原副主任吴昌期、周本立、郭万清，安徽省发改委党组成员、合作办主任侯锋平，安徽省人民政府原副秘书长、办公厅主任梁热，合肥市政协原主席周富如等领导和来自全国各地的650多位徽商精英参加会议，共商徽商新一轮发展大计。大会由安徽国际徽商交流协会常务副会长、安徽中烟工业有限责任公司党组书记兼总经理王志彬先生主持，安徽国际徽商交流协会会长、苏宁环球集团有限公司董事长张桂平作徽商工作报告，安徽古井贡酒股份有限公司常务副总经理闫立军代表大会组委会致欢迎辞。安徽国际徽商交流协会会长张桂平向大会作了2019年徽商工作报告，从徽商实力稳步提升、商会已成为招商引资的大平台、社会责任感持续增强、商会组织建设逐步加强等方面对全国徽商一年的工作进行了总结。本次年会对2位“徽商商会秘书长功勋奖”、19位“优秀秘书长”、20家“先进徽商商会秘书处”进行表彰。会上本年度最抢眼的“中华百名优秀徽商”榜单发布，江宝全等144位徽商荣登“2019年度中华百名优秀徽商”榜，其中省外139位，省内5位。“中华百名优秀徽商”营业总额达2 063.52亿元，平均每家上榜徽商企业营业额超14.33亿元。

14.第八届上海新徽商年度盛典。2019年12月22日，以“壮丽70年，筑梦新徽商”为主题的第八届上海新徽商年度盛典在上海浦江皇冠假日酒店举行，来自不同领域的上海新徽商企业家共计500余人出席了此次年会。大会期间举办了主题为“徽商精神传承与长三角一体化发展”的高峰论坛，各徽商代表从当前经济趋势热点、长三角经济协调发展、徽商精神传承等方面进行了深入交流，探讨了新徽商在新时代背景下如何发挥自身优势，共赢合作，为新徽商助推长三角区域一体化发展共商对策、谋篇布局。

15.2019年京津冀徽商精英年会。2019年12月22日，首届京津冀徽商精英年会在北京丰大国际大酒店成功召开，各界领导及嘉宾300余人参加了此次年会。本届年会是京津冀具有代表性和权威性的徽商盛会，更是促进京津冀经济与商业发展的最佳推广宣传平台。大会为安徽精英提供了更多资源，形成了互带互动、优势互补、资源共享、共同发展的新格局，带动了京津冀地区各省市的徽商组织及徽商精英人士的抱团发展。

16.全国工商联女企业家商会2019年会员大会。全国工商联女企业家商会2019年会员大会于12月26日在芜湖召开。全国工商联女企业家商会成立24年来（1995年5月25日成立），引导广大会员爱国敬业、义利并举，致富思源、富而思进，成为团结带领广大女企业家服务发展、回报社会、实现自身价值的一面旗帜。商会集中了各行各业由女性掌舵的优秀企业，热心社会公益事业，主动承担社会责任，树立了良好的口碑。广大女性企业家以出色的商业才华、骄人的经营业绩、高尚的社会责任感，为经济健康发展、社会和谐稳定作出了重大贡献，赢得了广泛尊敬。当前，安徽处于长三角一体化发展、“一带一路”“长江经济带”“中部崛起”等众多国家战略的交汇节点，区位优势独特，创新动能强劲，产业特色鲜明。大会在安徽召开，为大家深入了解安徽、深度参与安徽发展，架起了一座桥梁。

17.合肥都市圈城市党政领导第九次会商会。2019年12月28日，合肥都市圈城市党政领导第九次会商会在芜湖召开。安徽省委常委、合肥市委书记、合肥都市圈建设领导小组副组长宋国权出席会议并讲话。会议通报了第八次会商会以来合肥都市圈工作进展情况及2020年重点工作。合肥、芜湖、蚌埠、淮南、滁州、六安、马鞍山、桐城8市介绍了2019年以来的工作开展情况及下一步工作重点。安徽省科技厅、安徽省生态环境厅、安徽省交通运输厅及安徽省发改委相关负责同志就支持合肥都市圈打造长三角高质量一体化发展新引擎作了发言。圈内8市还签署了工业、生态环境保护、交通基础设施、教育、科技创新、人力资源和社会保障等10个方面的合作专题框架协议。自第八次会商会以来，合肥都市圈城市突出一体化和高质量，强化区域合作，各项工作有力有序有效开展。2018年，都市圈地区生产总值、财政收入分别占全省58.5%和55.6%。

18.第八届华夏徽商高峰论坛暨2019徽商品牌精英年会。2020年1月5日，第八届华夏徽商高峰论坛暨2019徽商品牌精英年会在北京隆重召开，来自全国近30家安徽商会的代表、在京徽商和皖籍各界人士500余人出席了论坛。中共中央纪律检查委员会副部级巡视专员、中国经济前沿决策顾问中心副理事长戴俭明及华夏徽商高峰论坛主席丁昌盛先生为大会致辞。国务院发展研究中心农村经济研究部副部长金三林就解析国家政策发表题为《迈向高质量发展的中国经济》的演讲。结合徽商精神与创业之道，中生金控投资有限公司总裁梅德辉发表题为《践行国家战略，助推徽商经济发展》的演讲。河北省安徽商会会长马登峰、澳大利亚安徽总商会会长陈凌、绍兴市安徽商会会长孙应虎分享了徽商会长的故事。华夏徽商联盟执行主席马悦凯发表题为《华夏徽商联盟2019年度总结》的报告。

19.2019年全国异地巢湖商会年会。2020年1月6日，2019年全国异地巢湖商会年会暨商会招商办工作交流会在巢湖召开。巢湖市政协主席王兴涛，巢湖市委副书记许汉生，巢湖市副市长任冲，巢湖市政协副主席陶晓红、李佐品、程素萍、马恩俊，巢湖市政协秘书长赵明坤，各异地巢湖商会会长等单位相关负责人参会。

20.江苏省安徽商会三届一次会员大会。2020年1月10日下午，江苏省安徽商会三届一次会员大会暨"古20之夜"江苏徽商2020迎新春军民联欢会在南京顺利召开。苏宁环球集团有限公司董事长张桂平当选第三届会长并作就职演讲。江苏省人大常委会原副主任柏苏宁、安徽省人大常委会原副主任吴昌期、安徽省政协原副主席王鹤龄等苏皖两省26位领导及商会主管单位领导、兄弟商会代表、商会企业家等800余人参加活动，共襄盛会。

附录三：徽商企业在“智”造经济中乘风破浪

当下，我们正处于一个深度变革的时代，机遇与挑战并存，新技术、新产业、新业态层出不穷，新的商业模式催生着巨大的财富机遇。

如何于危机中育新机，在变局中开新局，是作为市场主体的徽商企业必答的时代考题。新科技革命背景下，徽商企业在“智”造新经济的大格局中，呈现出三大特征。

第一，乘风借力，推开机会窗口，发力“在线新经济”。

从经济发展宏观趋势来看，消费升级和科技创新为供给侧结构性改革提供了出发点和支撑力。突如其来的新冠肺炎疫情，让全社会第一次大范围感知到新技术带来的效率提升和产业空间，原本如冰山一角的个性化和隐性消费需求，也逐渐浮出水面。

实际上，做科技端与需求端的联结者，加快科技与经济社会各领域深度融合，顺应消费升级趋势，拓展科技应用场景，新锐徽商企业已出发，正奋进在路上。

从疫情防控常态化需求来看，5G技术和人工智能发挥着重要作用；在复工复产过程中，云计算赋能在线教育和在线办公，工业互联网助力制造企业转型升级。“在线新经济”蓬勃生长，实现医疗、教育、科技、文化等从线性增长到指数增长的迭代升级，成长为促进经济高质量发展，创造人民高品质生活的重要引擎。

旷视科技、森亿智能等徽商企业正在为更好地服务疫情防控常态化下的生产和生活需求提供解决方案，通过数字化转型优化产业链、供应链，将生产要素在线化。

从新兴产业的战略空间来看，抢抓地方产业布局主攻方向和产业集群发展的机遇，借力产业链的关联经济和低成本效应，与产业集群共生长，是徽商企业的借梯登高之路，也是互利共赢之路。

2020年2月，蔚来汽车中国总部落户合肥，深度融入安徽新能源汽车产业的大棋局。5个月后，量产以来的第5万台蔚来汽车下线。为推动新一代信息技术与制造业、先进制造业与现代服务业深度融合，蔚来汽车正努力开拓智造汽车行业的新未来。在江淮蔚来先进制造基地，307台机器人实现车身主要连接100%自动化，制造与数字化管理结合，根据用户的个性喜好采用高度柔性的定制化生产。凭借优质高端服务，蔚来汽车被称为“车界海底捞”。

第二，领跑赛道，抢位行业头部，创造行业“TOP现象”。

创新是安徽最为宝贵、最具优势的遗传基因，也是驱动安徽经济增长的强大动能。2019年，安徽新增高新技术企业1 200多家，战略性新兴产业产值增长14.7%，高技术产业增加值增长18.8%，万人发明专利拥有量11.7件，区域创新能力连续8年稳居全国第一方阵。

从更宽广的视野观察，创新也是广大徽商企业厚积薄发的动力源泉。紧握创新这张最硬底牌，徽商企业深耕细分领域，高筑核心竞争力护城河，创造出耀眼的行业“TOP现象”，成为新经济的“先锋队”，赛道上的“尖刀连”。

在医疗器械领域，迈瑞生物医疗从跟跑者变身挑战者，最终成长为领跑者，是我国目前业务规模最大、产品体系最丰富、品牌知名度最高的医疗器械企业。在量子通信领域，国盾量子稳居行业中心位置。作为首家从事量子通信技术产业化的创新型企业、中国最大的量子通信设备制造商和系统服务商，国盾量子扮演着规模化量子通信网络技术的开拓者和实践者角色。在这个技术壁垒极高的产业领域，国盾量子是市场占有率最高的行业领先企业。在智能语音领域，科大讯飞一骑绝尘，连续14年蝉联国际语音合成大赛冠军，以其为引领的合肥智能语音产业集聚发展基地——“中国声谷”正加速发展。在休闲零食行业，被誉为“国民零食第一股”的三只松鼠在诞生之初直接入局线上赛道，以“互联网味道”颠覆行业传统模式，开辟崭新天地。2019年，三只松鼠成为零食行业首家营收迈过百亿门槛的企业。

专注、高端、坚守，徽商企业在各自的行业赛道上，呈现出惊人的爆发力和韧性力。

第三，踏浪资本，冲刺证券市场，构筑“徽商新板块”。

在资本市场上，徽商企业抢抓机遇，不断突破。特别是在资本市场深化改革的浪潮之下，“注册制”在金融资本与科创要素之间架起桥梁，多层次资本市场的发展，为更好地服务实体经济，尤其是高科技、新经济企业提供更便捷的渠道。拓宽融资之路，皖企正按下冲刺资本市场的“加速键”。

2020年7月3日，安徽皖仪科技股份有限公司在上海证券交易所科创板挂牌交易。至此，安徽省首支科创板股票诞生。2020年7月9日，科大国盾量子技术股份有限公司在上海证券交易所科创板挂牌上市，被誉为科创板“量子通信第一股”的国盾量子正式登陆资本市场。2020年7月15日，中国工业机器人第一梯队企业和自主品牌机器人代表企业——埃夫特智能装备股份有限公司在科创板成功登陆，成为安徽工业机器人产业发展的重要里程碑。据统计，安徽的工业机器人产量突破1万台，六轴工业机器人产量居全国第一。2020年7月22日，稀土永磁行业又一头部企业——安徽大地熊新材料股份有限公司成功登陆上海证券交易所科创板。2020年7月24日，安徽蓝盾光电子股份有限公司创业板首次公开发行股票注册，系创业板注册制新政下，全国第一批、全省第一家成功过会企业。资本市场的改革试验，为具有潜力和竞争力的科技“硬核”企业添薪蓄力，凸显科技创新的导向作用。

不仅仅是高科技企业凭借硬核新技术登陆科创板和创业板，在人们印象中的传统产业领域，徽商企业也积极抢抓机遇，在资本市场中踏浪前行。2020年7月3日，同庆楼在上海证券交易所发布公开发行股票公告，成为继湘鄂情上市11年后，又一家登录A股市场的纯餐饮企业。截至2020年7月底，安徽本土A股上市企业已达116家，居全国第9位，中部第1位。

2020年8月6日，中饮巴比食品股份有限公司首发申请成功过会，“馒头第一股”将诞生。据统计，截至2020年8月，安徽省外的徽商上市公司已有80多家。这些企业与安徽本土上市公司一起，共同构筑起亮眼的“徽商新板块”。

大变革孕育大发展，新技术带来新应用，产业新业态正在酝酿更大的想象空间。未来，徽商企业既要“乘风”抢抓未来经济的机遇风口，也要“破浪”充分发挥科技创新和资本市场对实体经济的放大、叠加、倍增作用，在全新的时代舞台中演绎新精彩，在高端的行业擂台上博出满堂彩。

（决策杂志社总编辑、安徽创新发展研究院执行院长　张道刚）

附录四：纪录片《天下徽商》简介

大型电视纪录片《天下徽商》于2019年上映，是2019年第二季度优秀国产纪录片之一，参与2019年行业电视节目展评展播、第25届中国纪录片十佳十优作品推选、第30届法国国际阳光纪录片节、四川国际电视节“中国故事·国际传播”优秀影视作品评选等。《天下徽商》共分为9集，全景式地反映徽商、徽州和徽州文化，深挖徽州文化内核，讲好安徽故事。该纪录片相继在中央电视台纪录频道、安徽卫视播出，腾讯、爱奇艺、优酷、哔哩哔哩、海豚视界等视频网站同步推出。

第一集《移民》，讲述中原世家大族南迁徽州的历史以及给古老的徽州所带来的巨大变化。大族的南迁，不仅给古老的徽州带来了先进的农业生产方式，更重要的是植入了中原的儒家文化，使得原本“鲜知礼节”的徽州，风俗日益趋向文雅，这种文化教育上的优势为日后徽商的崛起奠定了重要基础。

第二集《寄命于商》，通过胡雪岩、鲍志道等多名徽商获得“第一桶金”的故事，梳理徽州商帮形成和发展的脉络：徽商肇始于南宋，形成、勃兴于16世纪明代中叶的国内商业竞争激烈之际，鼎盛于清康、乾时期。

第三集《扬州繁华以盐胜》，聚焦郑氏家族、江春江氏家族等徽州盐商在扬州的奋斗史，全面反映徽商驰骋两淮、两浙盐业的辉煌业绩。

第四集《漂广东发洋财》，聚焦徽州詹氏家族、芳坑江氏家族等茶商世家，着力表现徽商在古代“海上丝绸之路”所付出的艰辛和努力。徽州茶商不仅活跃在国内各大市场，茶文化更是对世界产生了重大影响。

第五集《无徽不成镇》，以汉口城市的变迁以及江南经济的转型为线索，全面展现徽商在繁荣城镇经济、促进商品生产以及在促进中国资本主义发展方面所做出的巨大贡献。

第六集《金字招牌》，以著名徽商胡雪岩创办“胡庆余堂”的故事为主体，通过徽商老字号的创业故事，展示徽商以诚待人、以信接物、以义制利的经营理念和以质量为本的品牌意识。

第七集《徽州女人》则另辟蹊径，描写徽商背后徽州女人的故事，从某种意义上说，徽州女人也成就了一代徽商。

第八集《远去的背影》揭示徽商衰落的深层次原因：逢迎官员、依附官府、仰攀皇帝、奢侈性消费以及资本利润的封建化决定了古代徽商仍然是个封建性的商帮，因为自身的局限，缺乏一种转换为近代商人的动力和机制，所以当整个封建王朝日薄西山之时，他们自然也就无可奈何衰落下去。

第九集《梦里徽州》，重点讲述徽商再造故园以及当代人保护、传承徽州文化的故事。徽商在繁荣全国商品经济，造就“无徽不成镇”局面的同时，也将大量的资本源源不断地输回故里，从而促进了徽州地区人才辈出、文化兴盛。

后 记

20年前第一次到徽州地区，当时对徽商和徽文化不甚了解，但马头墙、黑白相间的色调、深宅大院、古村落等都给我留下了深刻的印象。2009年，我策划的安徽财经大学“徽商大讲堂”首期开讲。“徽商大讲堂”一直延续到今天，当初举办的出发点是为了搭建校企合作的平台和促进徽商企业与学校的交流，活跃校园文化。2014年，我在合肥策划打造了“新徽商大讲堂”，主要目的是为了促进徽商企业家之间的交流和资源整合，至今已举办了60多期活动。2014年，安徽财经大学新徽商研究中心成立，安徽财经大学为服务地方经济、强化智库建设出版的系列报告得到了社会的好评。很早之前我就思考过撰写徽商发展报告，但由于多种原因没能实现。直到2018年，经过对2017年徽商活动的持续关注和资料收集，再加上“新徽商大讲堂”微信公众号的持续运作，在2018世界制造业大会和2018中国国际徽商大会期间发布了《徽商发展报告2017》。《徽商发展报告2017》得到了政府、异地徽商商会和商界的认同，被评为2018世界制造业大会和2018中国国际徽商大会“十大成果”之一。之后推出的《徽商发展报告2019》也获得了行业内的肯定。

2019年，安徽财经大学新徽商研究中心在新徽商研究领域获得了一定的成长：安徽省委宣传部理论处围绕徽商精神前来调研，多地徽商商会和商帮研究组织前来考察交流，主办了多期“徽商智库”专家沙龙活动，新徽商商学院组织了多次徽杭古道研学活动，打造了将安徽烟酒茶融为一体的系列礼盒，主办了首届徽商老字号品牌营销高峰论坛和第二届关于徽商老字号品牌的中国（安徽）大学生市场营销创新大赛，等等。

《徽商发展报告2020》经过多次研讨和论证，最终形成了徽商组织、徽商企业、徽商人物、徽商制造、徽商产业、徽商与长三角、徽商文化七大模块，围绕徽商年度发展进行总结分析。

《徽商发展报告2020》能够顺利出版，感谢决策杂志社总编辑张道刚、安徽经济报社社长马顺生、安徽经济报社总编辑助理栗亮、决策杂志社总监王运宝等人，他们的无私帮助和鞭策让我更有动力，因为徽商，我们经常共同出席活动，磋商交流，分享徽商最新动态；感谢安徽财经大学校领导丁忠明教授、周加来教授、冯德连教授，他们给新徽商研究中心提供了较好的平台和资源；感谢安徽师范大学校长张庆亮教授、安徽师范大学徽商发展研究院院长马陵合教授、安徽师范大学经济管理学院院长张廷龙教授、安徽财经大学新徽商研究中心曹天生教授、安徽财经大学经济发展研究中心徐旭初教授、安徽财经大学工商管理学院胡登峰教授和胡旺盛教授等，他们在我成长道路上给予我关爱和支持；感谢安徽师范大学出版社社长张奇才教授及编辑、校对老师，他们为本书的出版提供了优质的服务；感谢安徽国际徽商交流协会秘书长叶青松、安徽合作交流办公室经济联络处处长余超超、各地徽商商会的会长和秘书长们，他们为本书提供了诸多素材和建议，在此一并深表感谢！

《徽商发展报告2020》是安徽财经大学年度系列报告丛书的一部分，也是安徽财经大学新徽商研究中心和安徽经济报社、决策杂志社（安徽创新发展研究院）联合打造的“徽商智库”系列丛书之一，书中所有数据和表格由安徽财经大学新徽商研究中心根据各媒体发布的信息整理而成。由于水平有限，书中如果有不当或疏漏之处，敬请联系我（邮箱 diyiyingxiao@163.com），我将第一时间给予回复。《徽商发展报告》将会每年延续下去，记录和剖析徽商的年度发展大事，统计和分析徽商的年度经营状况，解析徽商年度重大专题，传播徽商文化，传承徽商精神。

因为徽商，你我同行！因为徽商，我们在路上！

王唤明

2020年8月于龙子湖畔